学生读本

乡村致富"领头雁"

王传喜的故事

海飞 主编　　闫耀明 著

海豚出版社
DOLPHIN BOOKS
中国国际传播集团

图书在版编目（CIP）数据

乡村致富"领头雁"：王传喜的故事/闫耀明著.
--北京：海豚出版社：新世界出版社，2020.11（2024.5重印）
（时代楷模学生读本）
ISBN 978-7-5110-5037-3

Ⅰ.①乡… Ⅱ.①闫… Ⅲ.①王传喜–先进事迹–青少年读物 Ⅳ.①D263-49

中国版本图书馆CIP数据核字（2019）第257712号

乡村致富"领头雁"——王传喜的故事

海 飞 主编　　闫耀明 著

出 版 人：王　磊

责任编辑：慕君黎　郭　澍　潘金月
插画绘制：鸣天动漫
美术编辑：吴光前　李　利
责任印制：于浩杰　蔡　丽
法律顾问：殷斌律师

出　　版：海豚出版社
地　　址：北京市西城区百万庄大街24号　　邮　编：100037
电话/传真：010-68325006
印　　刷：涿州市荣升新创印刷有限公司
开　　本：32开（889毫米×1194毫米）
印　　张：4.25
字　　数：66千
版　　次：2020年11月第1版　2024年5月第5次印刷
标准书号：ISBN 978-7-5110-5037-3
定　　价：25.00元

版权所有　　侵权必究

出版说明

英雄照亮时代 楷模就在身边

每个时代都有每个时代的英雄。

在炮火纷飞的战争年代,一批又一批的英雄为了中华民族的崛起而抛头颅、洒热血,他们的身上体现了中华民族优良的民族精神和崇高的民族气节。赵一曼、刘胡兰、董存瑞、黄继光、邱少云……这一个个闪光的名字和他们的英勇事迹家喻户晓,值得我们永远铭记。

如今,在我们身边,依然有无数的英雄,他们就是在各自的岗位上无私奉献的"时代楷模"。

"时代楷模"是由中宣部集中组织宣传的全国重大先进典型,他们的情操高尚伟岸,事迹厚重感人,影响广泛深远,充分体现了新时代"爱国、敬业、诚信、友善"的价值准则与中华传统美德。他们就像天上的星星,照亮天空,照亮我们这个时代。同时,他们也是普通人，在平凡的岗位上默默坚守，做出了伟大贡献。

为了更好地向中小学生讲述"时代楷模"的感人事迹，激发学生的民族自信心和自豪感，海豚出版社特此出版《"时代楷模"学生读本》系列丛书。丛书每册选取一位"时代楷模"（或"时代楷模"集体），并邀请国内知名儿童文学作家对其事迹进行文学加工，精心设计故事情节，生动刻画人物形象，以提高中小学生读者的阅读体验。

人生如扣扣子，第一个扣子扣错了，后边的扣子就会跟着错。万事开头难，难就难在要选择好正确的第一步——你想扣怎样的人生扣子，你想实现怎样的人生价值。只有第一步选对了，只有第一个扣子扣对了，你才能走好自己的人生路。

我们希望通过这套丛书，让中小学生走近这些当代英雄，了解他们的先进事迹，树立正确的价值观和远大的人生志向，"扣好人生第一粒扣子"。

海豚出版社

2019 年 12 月

目 录

◎ 数字人伴读
◎ 配套音频
◎ 拓展故事
◎ 读书笔记

01　清晨的脚步声⋯⋯⋯⋯1
02　保密的还款计划⋯⋯⋯⋯7
03　会跳舞的木桩⋯⋯⋯⋯17
04　一张特殊的蓝图⋯⋯⋯⋯27
05　滚烫的泪水⋯⋯⋯⋯34
06　舍不得的热炕头⋯⋯⋯⋯39
07　最贵的茶叶⋯⋯⋯⋯45
08　花园里的村庄⋯⋯⋯⋯51
09　热闹的大市场⋯⋯⋯⋯57
10　田园与公园的距离⋯⋯⋯⋯62
11　双轮驱动跑得快⋯⋯⋯⋯67
12　王加萌讲的故事⋯⋯⋯⋯75
13　星光下的回忆⋯⋯⋯⋯80

14 一个都不能少 ········· 86

15 别开生面的党课 ········· 91

16 几片过期的饼干 ········· 98

17 三个人的眼泪 ········· 104

18 好名声就是沾光 ········· 110

19 宣讲会上的新要求 ········· 117

20 夜晚的脚步声 ········· 122

01
清晨的脚步声

天还没亮,头顶上,寒星眨巴着眼睛。那是冷静的眼睛,无声地注视着齐鲁大地,注视着兰陵县,注视着代村社区那寂静的街道。

那是真正的寒星,因为此时,正值一月,大寒时节。代村社区街道边的绿化带上,还可以见到残存的白雪。

一个人闯进了寒星的目光中。那是一个魁梧的山东汉子。他走出家门,仰头望望天空,目光犀利而有神。他咳嗽了一声,迈开步子,向街道上走去。

宽阔的街道上静悄悄的,只有他的脚步声在"嚓嚓"地响着,响成一条线。路灯下,他的身影一会儿长,一会儿短。

很多代村人还没有醒来，附近的小汶河还在沉睡，可他的步子已经迈得很有力。

这个早起的汉子，就是山东省兰陵县下庄街道代村社区党委书记、村委会主任王传喜。

王传喜没有觉得自己起得早，代村人也早已习惯了王传喜大清早在街道上走过的身影。因为这样的习惯，王传喜已经保持了20年。

东方的天空，渐渐出现了光亮，鲜鲜的，将天空照亮、映红。王传喜胸前的党徽，也是红红的。

一路走着，王传喜没有闲着。张家门前的合欢树上一根干树枝断了，他捡起来放进垃圾箱里。李家的丫头早起去社区医院护理住院的奶奶，王传喜关切地打听老人的病情，天冷，可他们的对话，却是暖暖的。

走到代村服务中心楼前，王传喜站下来，四处望望。对面的广场上，一派静谧，广场边的巨石矗立着，也是安静的。王传喜轻轻吐出一口气，转身推门走进去，上楼。他的脚步声一下一下地响起，坚实有力。

迎面的墙上，镶嵌着八个闪光的大字：不忘初心，牢记使命。

王传喜站着,看那八个大字。他的胸里涌动着一股热流,那是一种召唤,也是一种使命,鼓舞和激励着他向前走。

来到办公室,王传喜打开桌上的工作笔记。

王传喜有很多工作笔记,手上这本是第多少本,他已经记不清了。

笔记本上记载着王传喜的工作内容、思路和想法。他静静地看着、思考着。服务中心很安静,王传喜的思路很活跃。他俯下身,用笔快速地写字,梳理着自己的观点。

初升的太阳将柔和的光线打到了窗子上,有脚步声在楼下响起。王传喜写完了,捏着笔记本,看着村"两委"班子成员陆续走进来。

早上的例会就要开始了。

一日之计在于晨。这是十分重要的例会,每天早上7点半召开,村"两委"班子成员参加,大家一起商议一天要做的工作。

更为重要的是,这样的早上例会,王传喜一直坚持着,坚持了20年,雷打不动。

窗外,寒气在弥漫。屋里,大家的商议却热火朝天。

班子成员各自说了自己分管的工作，提出了工作的重点，还有哪些难点。接下来，大家一起讨论，畅谈各自的意见。

对于涉及全村的重点工作，大家的谈论更加认真，有的人意见不一致，争论了起来。王传喜不出声，只是听，只是记。他在判断着。

讨论结束了，会议室里归于安静。

王传喜开始讲话。他将大家提出的问题一一进行了梳理。他拿着自己的笔记本，将刚才总结的问题讲了出来。

很快，班子成员统一了思想。

会议结束，大家各自散去。

王传喜却没走，他捏着笔记本，思索着。

他想起了20年来自己走过的路，想起了20年来在笔记本上记录的事情，想起了20年来代村走过的艰辛历程和发生的巨大变化，想起了代村未来的发展……

阳光满满地照在窗子上，一片明亮。他起身站在窗前，看到广场上阳光洒得满满的，金子一般在偌大的广场上闪着光。广场边巨石上"广阔天地"四个红色大字在阳光下熠熠生辉。

肚子"咕咕"地叫了起来,饿了,该回家吃饭了。王传喜将笔记本收起来,起身回家。

饿了,就要吃饭。王传喜明白这个朴素的道理。20年前的代村,是何等的饥饿呀!

当年的一幕幕情景,又浮现在王传喜的眼前。

02
保密的还款计划

20年的时光,不算短了。然而时光倒流,20年前的代村,是什么样子呢?

王传喜走在代村的街面上,满脸都是愁苦的表情。

"代村是千年古村,如今怎么变成这个样子了?"疑问在王传喜的心里始终挥之不去。

街面上到处是垃圾,家家都是只把自己家门前弄干净,没有人爱护公共环境,更没有人去打扫。

附近的小汶河,河岸成了垃圾场,河水脏兮兮的,水面上漂浮着脏物,散发着一股臭味儿,人们在河边走过,都捂着鼻子。

村街上,有人叉着腰,正在高声叫骂,因为他家的东西被人偷去了。"自个儿碗里有饭,还舔人家的碗边子,不知道砢碜!常出门哪有不碰着亲家的,早晚得露馅儿!"他媳妇儿也跑出来,帮着叫骂。偷鸡摸狗的事情,在代村时常发生。

相邻的两家打起来了,因为菜园中间的界线产生了分歧。这边说对方多挖了一铁锹土,那边指责对方踩了自家的菜叶子。

谁家的老人坐在门前的凉石上独自哭泣,因为儿媳妇虐待她了。那细细的哭声鞭子一样抽打着每一个村里人。

有人骂骂咧咧地在街面上走过。"我明明浑身是理,他们却说我无理取闹、胡搅蛮缠,哼!走着瞧,这件事,不给我解决,就没完!"

来村里开展工作的乡干部推着自行车,看着眼前这番情景,无奈地摇摇头,骑上自行车无声地走了。

"代村是千年古村,如今怎么变成这个样子了?"王传喜的心紧紧地收缩在一起。他想不明白。

王传喜举目望去,附近的兰陵博物馆,在他的视野中若隐若现。兰陵,是出过名人的。战国末期的著名思想家、文学家、政治家荀子,曾做过兰陵的县令。那个博物馆里展出的展品,诠释着兰陵悠久的历史和灿烂的文化。文明，是老祖宗留下来的传家宝，可是，现在的代村，怎么就和"文明"两个字相距那么遥远呢？

王传喜的疑问是有道理的，曾经的代村，完全不是现在这个样子。代村始建于东晋初年，距今已经有一千多年的历史。20世纪六、七十年代，代村的农业生产得到了很大发展，不仅解决了老百姓的温饱问题，还每年向国家上缴爱国粮100多万斤，是"农业学大寨"的红旗村。代村的停滞和衰败是从20世纪90年代开始的，村班子涣散，治安差，环境脏，村集体负债380多万元，村民更是分成几个帮派，有的自然村闹"分家"，眼睛盯着集体财产，却对村债务避而不谈。曾经的先进村，成了全县出了名的落后村、脏乱村。

此时的王传喜30岁出头，是兰陵县一家建筑企业的项目经理。

1999年4月，代村迎来了党支部换届，在选举中，王传喜被全村党员一致推选为新一届党支部书记。

"王传喜下过海，经过商，见过世面，社会经验丰富，做事情能独当一面，还敢于担当。选他当书记,我们有盼头,也放心。"老党员们都这样评价王传喜,这也是大家推选他的原因。

可是,王传喜的朋友们都在劝他别碰代村这个"马蜂窝"。"你有车开,有钱挣,放着年薪几十万的项目经理不当,去当个芝麻大点儿的官,你以为村干部好干呢?天天瞎折腾、活受罪,既没名又没利的,你小子是不是脑袋被驴给踢了?"

王传喜淡淡一笑:"咱是一名共产党员,既然老少爷们儿信得过,咱就不能贪名图利,哪怕再苦再难,我也要接过这副担子,让乡亲们过上跟城里人一样的好日子。"

王传喜上任了。

王传喜上任的第三天,法院就送来了传票,让他出庭受审。村里欠着人家的外债,债主起诉了代村。

"我看看咱们村的财务账目。"王传喜找来会计郭志国。一大堆账本拿到桌子上,王传喜组织人员进行整理,"把村集体的债务情况审理清楚,一分钱都不要差。"

窗外,已经返青的柳树在风中扬着枝叶,样子很是悠闲。可王传喜的心,却怎么也悠闲不起来。账目查清楚了,代村的外债总额为386万元。

"之前听说村里欠了不少外债,但是没想到会有这么多。"郭志国无奈地看着王传喜,将查账的结果递给他。

王传喜拿着那张纸,手在微微颤抖。386万元,对代村这样的穷村来说,可是个天文数字呀!

"这个法庭,我应该去!"王传喜咬着牙说。

根据村里的债务情况,应该如何解决债务问题,王传喜反复琢磨,渐渐在心里打定了主意。他决定分为两步走。

第一步,王传喜主动找债主,说好话,讲困难,表决心。"鲁南战役的时候,我们代村曾经做过临时指挥部。20世纪六、七十年代,我们代村还是红旗村呢。我们一定能找对路子,发展起来的。"王传喜拍着胸脯跟债主打包票。

偿还欠款,对一个穷村来说,是件难事。但是王传喜在兰陵建筑企业工作的经历,让他心里并没有慌。小额度的外债,争取一次还清。大额的,则采取东挪西凑的办法,一点一点分期还。王传喜的真诚和实际行动打动了债主,他们同意延长他的还款时间。

白天,王传喜作为被告在法庭出庭。结束庭审,他又跑到债主那里,和人家协商还款事项。

傍晚,王传喜拖着疲惫的身子回到家中,一屁股坐在沙发上,不想起来。妻子刘会芳递给他一杯水,心疼地说:"当初我就不同意你接下代村这个烂摊子。你说你,在县里的建筑公司上班,还当着项目经理,有车开、有钱挣,多好。可你,偏不听。"

王传喜接过水杯,喝了两口,说:"我从小就是在代村长大的,对这个村子有感情啊。大家选我,我哪能推掉不干?"

刘会芳把饭菜端上桌,给王传喜盛饭。"你上任才几个月,收到法院的传票有100多张了吧?"

王传喜苦笑一下:"126张。"

"你还笑。"刘会芳嗔怪地说。

王传喜一边吃饭一边说:"你别急,我还有我的第二步计划呢。"

"啥计划?"刘会芳问。

王传喜调皮地挤挤眼睛:"保密!"

王传喜的第二步计划,还真不能早早对妻子刘会芳讲。因为村上的一些人也欠着村里的钱,占着村集体的财产。

吃完饭,王传喜抹抹嘴巴就往外走。"你干啥去?累一天了,还往外跑啥?"刘会芳在后面喊。

"不累!"王传喜回了两个字,就一个人来到村委会办公室,借着昏暗的灯光,开始在笔记本上起草关于退还欠账的规定。在规定中,王传喜明确要求,凡是个人拖欠村集体的钱必须立即交清。凡是个人强占的属于村集体的财物,必须立即退还。

王传喜知道,这部分钱清理收回了,可缓解村里的还款压力。

规定写好了,王传喜找来了村"两委"班子成员,进行讨论研究,取得大家的同意和支持。欠债还钱,天经地义,王传喜觉得自己这样清理欠款应该不会有问题。

可是,有人虽然嘴上没说,但是脸上现出复杂的神情。王传喜明白,清理欠款,确实没有那么简单。在王传喜的坚持下,村干部还是通过了这项规定。

会议散了,大家各自回家了。王传喜在黑乎乎的村街上,站了好一阵儿,转身向一户人家走去。那是妻子刘会芳的好朋友家,欠着村上的钱已经很久了,一直没有偿还。王传喜讲了村里的决定。

第二天,那个朋友找到刘会芳,说:"咱们是多少年的好朋友,你家王传喜当了书记,本来我还想跟着沾点儿光呢,哪想到,先被开了刀。"

刘会芳气鼓鼓地找到王传喜，说他不顾及自己的脸面。

王传喜笑嘻嘻地说："你别生气，要开刀，还真得从关系最好的朋友先来。这个道理，我不说，你也懂。"

刘会芳离开时，同样是气鼓鼓的。

但是王传喜的清理欠款工作，却开展得很顺利。

俗话说，新官上任三把火，王传喜这第一把火烧得不错。

然而，一个负债累累的穷村，资金短缺问题像一根绳子，一直勒在王传喜的脖子上，让他喘不过气来。

为了筹措周转资金，王传喜又"烧火"了。这一次，他跑到乡里，申请了10万元贷款。而且，他是以个人名义贷的款。

会计郭志国吓一跳，看着王传喜："你疯啦？"

王传喜不以为然地说："我在县里上班的时候，一个项目做下来，就是几十万、上百万的工程款。放心吧，这点儿钱，吓不着我。"

下班了，村干部们都回家了。王传喜却没走，他坐在办公室里，望着窗外落日的余晖，凝眉思索。

眼下，在自己的努力下，资金问题暂时得到了缓解，也接不到法院的传票了。可是，代村的老百姓为啥没有凝聚力呢？人心涣散的最大症结在哪里呢？这个问题不解决，代村想好起来，几乎就是不可能的。

王传喜深深地思考着，连天黑透了都不知道。妻子刘会芳找到村里来，见王传喜一个人坐在黑黑的屋子里发呆，惊叫起来。"这黑灯瞎火的，你在干吗？"

03
会跳舞的木桩

开会。

王传喜知道,要做好代村的工作,靠自己一个人的力量,是不可能的,必须紧紧依靠村"两委"班子成员,大家的智慧是最可靠的保证。

于是,王传喜组织大家坐下来,开会,仔细研究代村的现状,从查找问题入手。

"我们只有把问题找到了,找准了,才能拿出解决问题的好办法。"王传喜看着大家凝重的表情说。尽管王传喜看不到自己的脸,但是他知道,自己的表情和大家的一样,也一定是凝重的。

会议室陷入了沉寂,活跃着的,只有袅袅升起的烟。卷烟在大家的嘴巴上明明灭灭,烟草的辣味儿将屋子挤得满满的。王传喜把所有的窗子都打开，将烟雾放出去："今天大家不要有啥顾虑，我们都是班子成员，就来个打开天窗说亮话，把问题都提出来吧。"

终于，有人开口了。

一条条问题被提了出来。

有人说，前任班子没有凝聚力，主要是班子成员没有起到表率作用。

有人说，党支部的战斗堡垒作用丧失了。

有人说，班子对村里出现的不良现象没有很好地处理，致使古朴的村风渐渐消失。

有人说，环境污染的问题，背后的真正原因是不作为。

有人说，土地分配不均的问题，是村民心里的一块心病。

有人说……

王传喜常年在县城建筑公司工作，对村里的情况了解得没有大家透彻。大家在讲，王传喜在记，一条一条地记在笔记本上。

记完了，王传喜吓了一跳，他数了数，自己居然记了80多条！

"难怪啊，有这么多问题，代村能好吗？"王传喜拍着笔记本说。

经过班子成员讨论，大家一致认为，代村最大的问题，就是耕地分配不均的问题。

在代村，一共有11个生产小组，由于历史原因，有的生产小组人均土地将近3亩，而有的生产小组人均土地才只有3分，差别很大。就是说，有的人家人多地少，有的人家人少地多，这两种现象同时存在。这样，村民有意见是自然的。而且，多年来，这个问题一直没有得到解决，真的是村民心里的一块心病。

土地，在农民的眼里是最金贵的，是农民的命根子，这个问题不解决，要凝聚人心，就是一句空话。就是说，土地分配不均，是代村所有问题中最大的问题，也是制约代村发展的最重要的症结所在。

"解决吗？怎么解决？"王传喜的大脑在飞快地运转着。

大家的目光都集中到了王传喜的身上。他是书记，主意需要他来拿。

"这个问题，必须解决！"王传喜坚定地说，"我们是党员，是基层干部。我们不能把问题上交，我们要对得起'党员'这两个字！"

有人说:"这个问题要是解决了,那代村就有希望了。不过,这个问题已经是陈年旧账了,要解决,得想个好办法,否则容易引起麻烦。毕竟一部分人多占着土地,让他们吐出来,不容易。"

王传喜心里清楚,问题的焦点就在这里。那些人少地多的人家,是不会轻易把多占的土地让出来的。

"我想,只要我们出以公心,不偏袒任何一家,把一碗水端平,老百姓应该能够理解。"王传喜说,"我们制定一个调整土地方案,张榜公布。同时,马上做一些木桩,我们村干部亲自到地里去丈量,钉桩为界,重新调整土地。"

事情就这样定了下来。

第二天,木桩就立在了地头。

那是村干部们仔细丈量全村的土地之后,划定的地界,立上的木桩。

这天,王传喜正在对调整土地方案进行最后的修改,准备公布,忽然有人跑来说:"王书记,不好啦!"

王传喜吓了一跳:"咋啦?"

来人说:"我们钉的木桩,有的东倒西歪,有的,不见啦!"

这还了得？王传喜感到事态严重，收起材料，急匆匆地赶到田地里查看。果然，村干部们辛辛苦苦钉下的木桩，很多已经不见了，剩下的，歪歪扭扭的，像是在跳舞。

"嘿！会跳舞的木桩！"王传喜叉着腰，看着那些跳舞的木桩，笑了笑，摇摇头。

村干部们凑到王传喜跟前，见他笑，很是不解。出了这样的状况，王传喜怎么还笑得出来？

王传喜指着剩下的木桩说："这，恰恰说明来拔木桩的村民，心虚了，胆怯了。你想啊，他们要是觉得自己有理，还用得着偷偷摸摸地来破坏木桩吗？早就去村里评理去了。"

村干部们都明白了。"这说明我们做出调整土地的决定，是对的。"大家纷纷议论。

"对！"王传喜肯定地说，"我们是对的。"他指着那些歪歪扭扭的木桩，"马上把木桩立好。被偷走的，就做新木桩，重新立起来。"

第二天，重新立起来的木桩，又有一些被人偷走了。

王传喜又笑了："来，我们地头搭窝棚，村干部轮流值班，看守木桩。"他在木桩上拍了拍，"我们立

起来的,可不是普通的木桩,而是我们村干部的公心、决心和信心,同时,也是我们村干部的威信!"

村民偷木桩不含糊,村干部们看守木桩也不含糊。这下,木桩不再被偷了。

王传喜让村干部将最后审定的调整土地方案张贴出去。土地怎么调整,方案上写得清清楚楚。

王传喜心里清楚,调整土地,最大的障碍是那些多占土地的人家,但这毕竟是少数,大多数人家对这个调整方案应该是拥护的。尽管这样,王传喜还是和村干部一起挨家挨户地走,做村民的思想工作。

傍晚,劳累了一天的王传喜回家了。可是,一进门,他就听到了孩子的哭声。"咋回事儿?"王传喜问。

妻子刘会芳说:"孩子放学的路上,被人恐吓了。"

"啊?!"王传喜大吃一惊,搂过儿子王加萌,细心查看。他安慰孩子:"没事儿,不怕,有爸爸呢。"

吃完晚饭,王传喜打算再去走两家,讲讲调整土地的事情。突然,院子里传来一声清脆的声响。王传喜跑出去一看,地上,居然丢着一把旧菜刀!

"咋回事儿?"刘会芳在屋子里问。

王传喜捡起菜刀，看了看，悄悄藏了起来。"没事儿！"他大声回应妻子。他在院子里站着，心情十分复杂。很明显，这把丢进院子里的菜刀，是冲着他来的，是警告，更是威胁。

"怕吗？"王传喜在心里问自己。

"不怕！"王传喜告诉自己。"遇到点儿困难就害怕，那还是啥党员？"他走出院门，走进了夜色中。

快半夜了，王传喜回到家里，上炕睡觉。刚躺下，突然，"咕咚"一声，一个东西重重地落在了院子里。刘会芳吓得惊叫起来。

王传喜急忙披衣来到院子里，发现半块砖头躺在院子中央。他拿起砖头，放在窗台上，回屋继续睡觉。

第二天，天刚亮，村民龙志江就找上门来，指着王传喜的鼻子说："地是我的命根子，要分地，不行！我不同意！"

王传喜拉着龙志江的手，一边往村委会走，一边耐心地给他解释。

忙了一上午，王传喜的肚子早就"咕咕"叫了。他回家吃午饭，却见刘会芳根本没有做饭，而是呆呆地坐着，脸上挂着泪痕，手里拿着一封信。

"咱家的小日子本来过得挺滋润的,可是你看现在,弄得鸡飞狗跳的,这日子还咋过?我说,你就别干了,咱不当这个书记了。"刘会芳看着王传喜。

王传喜一愣,拿过刘会芳手里的信。那居然是一封恐吓信!

王传喜拿信的手开始抖。

"咱不干这个书记了,行不?"刘会芳说。

王传喜想了想,手不再抖。"我不能半途而废。"他晃了晃手里的信纸,"这点儿小伎俩没啥可怕的,你放心,有我呢,天塌不了。"

"可是我顶不住了,我要崩溃了……"刘会芳的眼泪又流了下来。

王传喜搂了搂刘会芳的肩,说:"我没有退路啊。"说完,他装好信纸,转身出门。

走到大门口,王传喜突然听到屋子里传来一声闷响。他感到情况不对,急忙回到屋里,却发现刘会芳躺在地上,一个农药瓶子在地上滚动,屋里,是浓浓的农药味儿……

王传喜大吃一惊,急忙抱起刘会芳往外跑。

经过医院全力抢救,刘会芳脱离了生命危险。坐在病床前,王传喜的心,刀割一样疼,看着昏睡的妻子,王传喜这个铁骨铮铮的汉子流下了眼泪。

刘会芳出院了,王传喜来到办公室。他的脸上,是冷峻的表情。

有村干部和王传喜商量:"要不,这地,我们先不调整了?"

"不!调!"王传喜看着表情复杂的村干部,坚定地说,"我们付出了这么大的代价,这地必须调。既然我们班子做出了决定,就一定要把决定落实下去。这个缺口要是打不开,我们这个班子,就别想再有号召力。"

按照调整土地的方案规定,村民开始选地了。

在修改方案时,王传喜尽量尊重村民的意愿,而且坚持好地和差地搭配开。每户两块地,一块好一点儿的,一块差一点儿的。分好后,所有村民抓阄儿选地。这样做,体现了公开、公正、透明的调整原则。

村民信服了。土地调整工作顺利完成。

王传喜去医院接妻子刘会芳回家。他兴奋得脸上挂着美滋滋的笑,动手做了可口的饭菜,犒劳刘会芳。"你是病人,就得好好休息,好好恢复。"

刘会芳"扑哧"一声笑了:"你咋像个孩子?"

04
一张特殊的蓝图

那几天，王传喜成了一个"怪人"。他骑着自行车，把代村的每一个角落都看了，甚至歪着脖子把弥漫着臭味儿的小汶河打量了好几遍。

有人说王传喜在琢磨代村眼下应该干点儿啥。

可王传喜说："我在琢磨代村将来是啥样子的。"

回到家，吃完午饭，王传喜就拿出纸比画着，开始画图。

刘会芳问："画地图？"她看到王传喜画出了河流、房子、街道、树木，几笔就勾勒出一幅简单的地图。

王传喜却说："是蓝图。"他用铅笔大致画出代村的整体结构之后，开始加粗线条，将代村的现有结构改变了。"

刘会芳不屑地说:"啥蓝图,我看你就是在瞎画。"

王传喜没有理会妻子,画得更加认真了。

刘会芳哪里知道,王传喜的心里,正酝酿着一篇大文章。

王传喜刚刚上任不久,就带领村"两委"班子成员带着煎饼、咸菜,到江苏华西村"取经"。经过考察学习,王传喜心里拿准了一个主意:集体强大,村民富裕。他坚信,要带领农民增收致富,必须走发展壮大集体经济、实现共同富裕的路子。这是他学习的最大收获,也是他此后在代村发展上做出众多决策的基本出发点。

天快要擦黑了,儿子王加萌回家嚷嚷着说饿了,王传喜的画也描得差不多了。他美滋滋地直起腰,丢下手里的铅笔,打量着自己的杰作,满意地点点头。

"爸爸,你没有我画得好。"王加萌拿出在学校画的图画,给王传喜看。

王传喜笑嘻嘻地说:"嘿嘿,咱俩都画得挺好!"他举起那张纸仔细端详,心里盘算着,应该把这张图放大,画一张大图。

说干就干,王传喜端起饭碗扒拉了几口饭,就拿着画好的图，往村委会走。

刘会芳知道王传喜的脾气，连问也没问，继续吃饭。她知道，就是问了，也是白问。

王传喜来到办公室，找到一张大白纸，铺开，用细毛笔在白纸上描。他弯着腰，一笔一画地画，很认真，很仔细，将小纸上的图"移植"到了大白纸上。

放大了，看着清楚。王传喜端详着，细心地用手比量着，在大白纸的空白处，小心地添上一些符号。

画好了，王传喜用钢笔在空白处写字，标注着他设计出来的未来的代村。"老街""商贸城"等字眼儿，出现在他的笔下。

标注好了，王传喜越看越兴奋，忍不住给村"两委"班子成员打电话，让他们到办公室来。

不等村干部来齐，王传喜就迫不及待地指着自己画的图，给大家讲解他的思路和设想。

王传喜说："你们看，我们代村分布着几个自然村，面积不小，但是按照现有的格局，发展农业、工业，都很受限制，总感觉有点儿施展不开。我的想法是，我们能不能把村民集中起来，建楼房集中居住，这样，就腾出了大块的土地。而且更为重要的是，这些土地是拆迁腾出来的，不是基本农田，不适合耕种，在这些土地上，我们建楼房供村民居住，我们建商贸城，可以把经济搞活，我们建商业街，可以增加人气。"

村干部听了王传喜的话，面面相觑，愣了好一阵儿，没人说话。

王传喜问："你们觉得我的想法咋样呀？"

有人说："你说的商贸城、商业街，都是城里才有的东西，我们代村，能搞？"

王传喜瞪着眼睛说："有啥不能搞的？我们代村离县城这么近，用不了几年，就会被县城给'吞并'了。我在建筑公司工作的时候，听县长讲过，兰陵县的发展规划是要向四周扩大，尤其是我们代村这边，将来必然和县城融合在一起，这是大势所趋。所以，我们不能等，要及早规划，及早动手，主动融入兰陵经济发展的大格局中去。"

大家再次面面相觑起来，接着，就是笑。他们被王传喜的大胆规划给惊住了，也越来越觉得很受鼓舞。

"我们代村要大变样啦！"大家兴奋地议论着。

王传喜说："这可是百年大计，是我们代村的头等大事，需要我们班子成员集体商议才能做出决定。"

他把规划图挂在墙上,让大家看得更仔细。

后来的事实证明,王传喜的眼光看得远,这张蓝图在墙上一挂就是13年。

王传喜说:"通过调整土地这件事,我总结出了一个道理,老百姓的工作好不好做,关键看我们党员干部能不能做到'真'和'公',只要我们干部没有任何私心,干的都是一碗水端平的真事儿,老百姓会支持我们的,我们的事儿也就能干成了。俗话说,'公生明,廉生威'嘛。"他看着大家,继续说,"我们村干部要约法三章,村里的工程决不许亲朋好友插手,落实惠民政策决不能因为沾亲带故而徇私情,干部选用绝不让直系亲属沾光。"

村干部们都很激动,连连说:"这个'约法三章'好。"

王传喜拍着墙上的规划图,说:"今后,我们代村就实行党支部'提事',村委会'议事',党员和村民代表大会'定事',村务监督委员会'监督事'的工作机制,让代村的每一件事都在阳光下运行。比如这张规划图,是我琢磨出来的,大家要好好研究,每个人都要发表意见,让我们代村的规划更完善,更符合代村的实际,更符合村民的美好愿望。"

于是，村干部们坐下来，听王传喜指着规划图详细地讲解自己的想法和思考。大家不时提出问题，比如，拆迁可能会引起村民情绪波动问题，拆迁改造旧村的速度问题，村民安置的问题，等等。经过村干部反复商议，这些问题都一一找到了解决的办法。

"我们干的是代村历史上前所未有的大工程啊。"

"没想到我们农民，目光也可以看得那么远。"

当所有问题都得到解决时，大家开始议论起来。因为他们从来没有研究过这样的大工程。

这时，有人说，附近有的村子出让了村集体的土地，换来了现钱，还有的村引进了小工业项目，造成了环境污染，却也真的挣到了钱。

王传喜摆摆手、摇摇头，连连说"不"。"我们不能像他们那样，我们不能动这个心思。卖地可以换钱，可是钱总有花完的一天，那一天来了，我们怎么办？上了工业项目挣了钱，可是环境污染了，我们得花多少钱才能治理好？我们怎么向我们的子孙交代？"

接着，村干部们开始研究拆迁的补偿政策问题。

夜深了，大家的商议还没有结束，头顶上的灯闪着亮光，和大家的思维一样活跃。

最后，村干部们经过慎重考虑，形成了决议。

这个决议，是未来代村的发展规划，是代村迈向全面小康这首交响乐的第一个音符。

王传喜说："我们就这样干了。"

散会了，大家伸了伸懒腰，纷纷走出村委会。"嚓嚓"的脚步声在夜色中响起来，响到代村的每一条村街上。

那是代村阔步前行的坚定足音。

05

滚烫的泪水

拆迁，是天下第一难。因为众多的百姓，每一家每一户的诉求都不一样，规划做得再具体详细，也很难满足各种各样的要求。

而且，代村再陈旧，也是家，老百姓祖祖辈辈在这里居住，真要拆了老院子、老房子，很多人家不理解，不愿意，反对声响成一片。

可是，这些情况，王传喜都想在了前面。村"两委"班子在形成决议的时候，就做出拆迁规定，旧村拆迁改造，实行先安置、后拆迁，制定的拆迁原则是评估补偿、低价安置、按需分配。

王传喜给班子成员定下了一个原则："决议是我们大家一起讨论、研究形成的，不能变。我们的原则是，拆迁不动摇，政策不调整，一碗水端平。"

先安置、后拆迁的政策，平息了很多村民的顾虑，村民们也基本不再反对。只是，村民付青泉仍然坚决不同意。

因为付青泉家位于兰陵县城南环路边，位置好。而且，他家的房子是建起来不到10年的楼房，两层，有7间屋子，总面积达到了600多平方米。付青泉是干建筑的，在外面承揽建筑工程，懂行，建新楼时，他用的都是好料，施工质量也非常好。他把房屋租出去，一年下来，光租金就有七八万。而拆了呢？按照政策，他的楼房评估价50万元，他只能分得两套房子。付青泉是聪明人，算下来，这次拆迁，他的损失不小。付青泉怎么琢磨，怎么不舍得拆。

将心比心，面对付青泉的反对，王传喜也有些犹豫了。但是，旧村拆迁改造是全村的大事，班子研究形成决议了，就必须得执行。而且，定下的拆迁计划也不能变。思考再三，王传喜决定自己背上付青泉的人情债，他到付青泉家和他谈："您要是有困难，我自己借钱给您。"

但付青泉还是想不通，坚持不拆。

工作做不通，两个人僵持着。王传喜把付青泉拉到村委会办公室,接着谈。王传喜给付青泉介绍代村的未来发展规划,讲他悬挂在办公室墙上的那张蓝图。不知不觉间,两个人谈到了半夜。

王传喜知道,拆了楼房,付青泉有损失,他理解。于是,王传喜动情地说:"咱们代村的老百姓,尝够了脏乱差的苦头,大家都在眼巴巴地盼着住新楼房。为了全村工作的这个大局,您就拆吧。您是干建筑的,在外面承揽工程,要是有需要我帮忙的,您就直接说。我在县里搞建筑的时候,当过项目经理,有点儿经验,能帮您出点子……"

看着墙上那张规划图,看着王传喜因连日操劳而明显憔悴的脸,看着王传喜满含期待的眼神,付青泉终于被打动了。他冲王传喜使劲儿点点头,还拍了拍自己的大腿,说:"不谈了,王书记,我明天就拆!"

付青泉回到家里,把每一间屋子都看了一遍,然后拿出一瓶酒,洒在地板上,泪水忍不住流了下来。"我的楼啊,你也喝一杯吧,我陪你过完最后一夜。"

这边,王传喜也流泪了。送走付青泉,王传喜回到家里,刘会芳问起这件事,感动不已的王传喜忍不住潸然泪下。"老百姓太好了，太好了……"

王传喜清晰地感到，自己的泪水，很热，很烫。

两个男人都流了泪，这泪水，有不舍，有感动，都与代村的未来有关。

可是，并不是每个人都这样通情达理。第二天，王传喜就遇到了一个钉子户。那是王传喜的一个亲戚，虽然同意拆迁，但是漫天要价，与村里制定的拆迁原则相悖，根本谈不到一起。村干部去谈了五六次，都是无功而返，甚至弄得不欢而散。知情的村民心里开始犯嘀咕，有人私下里议论说，这下有好戏看喽。看王书记是唱白脸还是唱红脸。

听到这个消息，王传喜很生气："越是亲戚，越要严格要求。明天我亲自去拆！"

王传喜来到亲戚家，讲道理，讲代村拆迁之后的美好愿景，还讲了人家付青泉在拆迁这件事上的高姿态。王传喜并没有跟亲戚急眼发脾气，而是把道理讲清楚，直讲得亲戚满脸通红，给王传喜和其他村干部道歉。第二天，王传喜亲戚的房子就拆掉了。

回到家，刘会芳夸王传喜有本事。王传喜得意地让刘会芳炒俩菜犒劳他。"这世界上的事儿啊，没有翻不过去的山，也没有蹚不过去的河。咱是村干部，咱认准了一个理儿，为群众办事儿只有一碗水端平了，群众才会打心眼儿里支持你。"王传喜深有感触地说。

这是2006年，代村拆迁工作启动了。

06
舍不得的热炕头

拆迁难，不仅难在每一家的诉求不一样，更难在每个人的想法也不一样。

那一天，王传喜走访了几户人家，倾听大家的心声。他觉得，拆迁工作启动了，要在保证不出差错的同时，尽量满足大家的要求。

果然，王传喜听到了不同的声音。

已经60多岁的三婶儿不想上楼。看到王传喜走进来，三婶儿就知道，王传喜是为拆迁的事儿来的。

"我不想上楼呀。"三婶儿说。和王传喜说话，三婶儿不客气。她是看着王传喜长大的。

王传喜问："三婶儿，为啥啊？住楼房，过城里人一样的日子，不好吗？"

三婶儿坐在热乎乎的炕头上,还拍了拍身边的热乎炕,示意王传喜坐。

王传喜脱了鞋子,坐上炕,坐在三婶儿身边,看着三婶儿,等她回答。他知道,村民的声音是不能忽视的。要顺利实现拆迁,需要全体村民的支持才行。

三婶儿说:"你们村干部做的决定,我这个老太太应该支持。可是,你看看我这热乎炕头,我都待习惯了,哪舍得呀!"

王传喜明白了。他摸了摸三婶儿身边的炕面:"坐在这样的热乎炕上,确实舒坦啊。可是,这次拆迁,是全村都要陆续动起来,将来,全村人都要住进宽敞明亮的大楼房里。拆迁,是早晚的事儿啊。"

三婶儿笑笑:"你们村干部定的计划不是小步快走吗?拆迁上楼,不是有个过程吗?等全村人都上了楼,我就上楼。"

王传喜笑起来:"三婶儿啊,您还懂小步快走呀?"

三婶儿收住笑:"这孩子,你们村干部琢磨的都是新事情,我这个老太太也不想落后啊。孩子们每天回家念叨的都是这个词,我就记住了。"

"好啊,好啊。"王传喜下地,穿上鞋子,"三婶儿,您老好好的,以后啊,还会有更多的新词呢。"

三婶儿认真地说:"傻孩子,别吓唬你三婶儿,不管你们村干部琢磨出啥新词来,三婶儿都学,保证不落后!"

走出三婶儿家,王传喜在村边的大树下站了一阵儿。他在思考,对于那些确实不愿意上楼的老年人来说,他不能硬逼着他们上楼。要想把一件事情做好,充分地听取村民的意见,尽可能地尊重他们的意愿,也是很重要的。

远处的乡路上,大奎骑着摩托车载着女朋友慢慢地过来。看见王传喜站在树下,大奎停下来,向女朋友介绍王传喜。

"王叔叔,拆迁建楼,啥时候能上楼呀?"大奎问。

王传喜笑了,问大奎:"是不是着急上楼,好布置你们的新房啊?"

"是啊,是啊。"大奎回头看了看女朋友,"我们都登记了,就等着上新楼住新房呢。"

王传喜说:"保证你们第一批上新楼。啥时候办婚礼?可别忘了,请你王叔叔吃喜糖啊。"

"一定一定。"大奎美滋滋地说,"忘了谁也不能忘了您哪。您是代村的领头人,村里人都夸您呢。"

王传喜摆摆手，送大奎他们进村。

站在树荫下，王传喜有了新的主意。他赶回村委会，召集村干部开会，研究他的新想法。

王传喜的新想法是：拆迁上楼，尽管是好事，村里人大都支持，可是，不能蛮干，还要分清每个人各自的诉求，倾听和尊重民意，才能把好事办好。对于那些年龄大的，住惯了热乎炕头，不愿意上楼住的老人，可以暂时不上楼。而对于那些不等拆迁却急于住楼房的小青年，就满足他们的要求，优先安排。解决的办法就是"旧房流转"，即安排年轻人先上楼，把他们的旧房子收回来，以同样的价格转让给暂时不想上楼的老年人，作为过渡安置房。这样，既照顾了年轻人，又满足了老年人的愿望。

"一举两得呀！"干部们都很赞同这样做。

在接下来的拆迁中，村"两委"班子很好地采纳了王传喜小步快跑的主张，一步一步地来，一片一片地拆。

事实证明，王传喜的决策是对的。代村的拆迁前后历时10年，分9个批次实施了拆迁工作。到2014年全部拆完，2015年，全体村民都搬进了楼房。在王传喜的带领下，代村在没有占用一寸耕地的情况下，建起了新楼房，顺利完成了旧村改造。更为重要的是，腾出来几百亩的建设用地，真正实现了零占地、零违章、零投诉。

10年后，代村人回头看旧村拆迁改造这件事时，才惊讶地发现，王传喜的眼光真远，他制定的"严格规划控制，集约节约利用土地，分期实施改造，建设宜居家园"的拆迁目标，真的实现了。祖祖辈辈住土屋的代村人，都住上了宽敞明亮的楼房，那是和城里的楼房一样的，水电气、有线电视、宽带样样齐全，村里新建的学校、广场、医院，方便了孩子上学和村民健身、就医。同时，王传喜还预留了300亩建设用地，为未来代村的发展留下了宝贵的空间。

代村的旧村整体改造，圆满成功。

07

最贵的茶叶

王传喜刚刚担任代村党支部书记不久,正在为村里的欠债发愁。就在这时,有人送钱来了。

那天,王传喜正在翻看村里的账目,有人敲门,王传喜抬起头,看到一个矮墩墩的人站在门口,冲着他笑。

"你找谁?"王传喜问。

来人走到王传喜跟前:"找你。"

接着,来人自我介绍,说自己是一家石油公司的项目经理,找王传喜,是想和他谈谈合作的问题。

王传喜有了兴趣,急忙请来人坐下,慢慢谈。他把一杯水放在来人面前,问:"什么合作项目?"此时的代村千疮百孔,急需用钱,假如能够谈妥合作项目，将是一件好事。

来人直言不讳地说:"根据我们公司业务发展规划,要在代村这里上一个新项目,这个项目的摆布,需要你们代村的一块土地。"见王传喜皱起了眉头,来人说,"你别急,我们看中的那块地,不是基本农田,只是一块荒草坡,是你们闲置的土地。因为代村的地理位置好,就在兰陵县城边,所以在这里摆布这个项目,很适合我们公司的业务发展。"

村"两委"班子几个成员听到这里,高兴了。有人凑到王传喜耳边,小声说:"王书记,一块闲地,放着也是放着,不如卖给他们石油公司,用这笔钱偿还村里的债务。这是个不错的机会呀。"

可王传喜紧皱的眉头,并没有松开。他思考着。

来人也盯着王传喜:"我们石油公司是很有发展前景的,你把这块地卖给我们,既可以解决你们眼下的困难,又相当于引进一个项目。我们公司发展得越好,代村的村民就越受益。具体卖地的价钱,我们可以细谈。"

王传喜说:"不卖。"

来人一愣。几个班子成员也都有些发愣。这是送上门来的好事,倚仗着代村的位置好,才有这样的好机会呀。

王传喜坚定地说:"我们不卖。村里的土地,不能卖。我们再穷,也不能卖村里的地。"

来人看出王传喜另有打算,便问:"那您的想法是……"

王传喜说:"我们可以好好谈谈,想个两全其美的办法,既能让你们摆布好新项目,我们又不失去土地。比如,我们可以把土地租给你们。"

村"两委"班子成员恍然大悟,都觉得这是个好办法。

来人想了想:"好,这是个办法,我们可以谈谈。"

经过几次协商谈判,王传喜与石油公司达成租赁协议。代村将那块土地以130万元的价格、13年的租期,租赁给了石油公司。

代村人都夸王传喜办事情有想法、有主意、有经验。这样做,不仅拿到了宝贵的租金,还没有失去在农民眼中无比金贵的土地。

13年后,租赁合同期满,王传喜收回了土地,他引进社会资本和技术,在那块土地上修建了代村诚信医院,既保证了土地资产保值增值,又让代村村民长期受益。

2004年的一天,王传喜正在建筑工地上忙碌,村委会一名干部领着一个陌生人来找王传喜。站在工地边上的草地里,王传喜和那个陌生人进行了交谈。

陌生人手里拎着一个沉甸甸的包:"王书记,您看,这里也不是说话的地方。我们到您的办公室谈吧。"

涉及项目合作,王传喜很高兴,领着陌生人来到村委会办公室,坐下谈。

陌生人说:"我是个私企老板,手上呢,有一个项目。我仔细考察了兰陵周边的环境,觉得在代村上这个项目比较合适。所以,才直接找上门来和您谈谈合作的事情。"

王传喜说:"欢迎啊。代村需要发展,俗话说,'无农不稳,无工不富,无商不活'。只要是好项目,我们欢迎。"

私企老板拿出项目材料,递给王传喜。"您看看。"

王传喜仔细研读了材料,发现这是一个工业项目,而且,生产过程中会产生大量的污染物。

"那,你的环保措施呢?"王传喜问,"环评通不过,项目怎么上?"

私企老板面带微笑:"上环保措施呢,需要大量的资金,我这样的小企业,有点儿扛不住。嘿嘿,所以才找您,请您帮忙,让这个项目在代村落地。"说着,私企老板拿起那个沉甸甸的包,推到王传喜面前,小声说,"当然了,我是个明白人,您帮忙了,不会让您白帮。这是一点儿小意思,您拿去,权当是喝茶的钱。"

王传喜看看那个包,感到里面的钱不少。他淡淡地笑了笑,将包推回到私企老板面前:"你这么贵的茶,我可喝不起。"

私企老板一愣,看着王传喜。

王传喜说:"这个项目要是上了,我们代村的环境就完了。我要这样做,就是在做贻害子孙后代的事情。我不能这样做。你的钱,拿走吧。"

"我们再商量商量……"私企老板不死心。

王传喜说:"这件事,没有商量的余地。你要是有好项目,我们代村欢迎。这样的污染项目,我们不喜欢!"

拒绝了私企老板,王传喜深深地吸了一口气。他懂得,自己手上的权力不是用来谋取私利的,而是代村全体党员和村民赋予他的,是让他为全村百姓谋福祉的。共产党人要做的,就是要全心全意为人民服务。

看着私企老板远去的背影，王传喜笑了。

南水北调工程经过兰陵，为了防止污水影响水质，需要在代村修建污水处理厂，占用代村70亩土地。王传喜果断答应。"南水北调工程是国家的大工程，我们代村要服从大局，没有二话，坚决支持。"

王传喜上任20年来，除了国家重点建设项目征用土地之外，他从没有卖过集体的一分土地，牢牢地守着土地这根红线。

08
花园里的村庄

王传喜是个农民,对土地有着深厚的感情。他深知,农民离不开土地,但是农民要想致富,就一定要利用好土地。过去大家过着土里刨食的日子,怎么也富裕不起来,问题出在哪儿了呢?王传喜是清醒的,他要为农民利用土地致富找到一条新路。

"玩龙玩虎不如玩土。"王传喜说。

妻子刘会芳看着王传喜,没听明白。

王传喜说:"土地是咱农民的命根子,得摆弄好才行。摆弄好了,就能挣钱,就能让乡亲们致富。我要让我们的土地,有个新的活法。我认准这个理儿了。"

说完,王传喜就直奔村委会,召集班子成员开会，研究他的想法。

雷打不动的早上例会开始了，王传喜谈了自己发展现代农业的想法。

班子成员每个人的脸上竟然都露出了喜色。王传喜的心里涌着压抑不住的波澜，他兴奋地问大家："你们，觉得可行？"

"可行！"大家说。

有人指着墙上悬挂着的规划图："我们代村这张规划图上，要增添新的内容了。"

王传喜坚定地说："那，我们就这样干，让我们的土地转型，让代村发展现代农业。"

村"两委"班子成员达成了共识，接下来，就是研究怎样干了。

王传喜说："我们决定要走发展现代农业的路子，我认为起点不能低，要把目光放长远。"

有人说："我们不懂，可以请明白人帮我们设计呀。"

"对！"王传喜说，"我们请专家，帮我们设计。"

专家的设计方案，为代村的未来发展描绘了一幅全新的蓝图。

王传喜敏锐地感觉到，要实施好这张蓝图，土地的集约化经营是关键。现在的情况是,土地分散在各家各户,无法连成一片,要实施现代农业项目,很受制约。

"我们尝试着进行土地流转吧。"王传喜提出了他的见解。

认准了的,就要坚决地实施下去。王传喜再次做起了"怪人"。他依然骑着自行车,在代村的每一块土地上转悠。

春天的风,暖暖的,吹着王传喜的脸颊。他扶着自行车,站在平展展的土地上,举目眺望。阳光像水一样,在大片大片的土地上流淌。鸟儿在叽叽喳喳地叫着,仿佛在告诉王传喜,代村就要在王传喜他们这些班子成员手上变样了。

王传喜拿出本子,一笔一笔地记录着,把全村每一块土地的情况,都记录了下来。在记录的同时,他的心里也形成了一幅完全不同的美丽画卷。

写着写着,王传喜禁不住露出了笑容。他愈加感觉,自己的想法是对的。

王传喜的脑海中,出现了一个新词:返租倒包。

"什么是返租倒包呢?"王传喜和妻子刘会芳交流。

"什么是返租倒包呢?"王传喜和村"两委"班子成员交流。

经过反复研究,他们把前面的路看清楚了。

所谓"返租倒包",就是村委会将承包到户的土地,通过租赁的方式,集中到村集体,使得村集体能够对这些土地进行统一设计、统一安排、统一使用,搞土地集约经营。然后,村委会再将统一规划和布局的土地的使用权,通过市场的方式承包给农业生产经营大户,或者从事农业经营的公司,进行统一经营,以获得更大的收益。同时,对于那些不愿意进行土地耕种的农民来说,通过这样的方式可以摆脱土地的制约,获得收益,从而有利于优化资源配置。

王传喜敏锐地意识到,实行返租倒包的方式,能够实现村"两委"制定的代村发展目标,真正走出一条发展现代农业的新路。

"让我们祖祖辈辈离不开的土地,有一个新的活法。"王传喜兴奋地说。

从2002年开始,王传喜对代村的部分土地进行流转,通过连片土地,先后上了农田水利设施、农业种植、养殖、加工等项目,还搞起了"五园一带"工程,也就是花卉园、果品园、蔬菜园、良种示范园、农业观光园和全民健身带。

这些词,对于代村的农民来说,是全新的。他们也隐隐约约地看到,他们未来的生活,也是全新的。

目光长远的王传喜,通过积极探索,带领代村人走上了一条全新的发展道路。

因为这样的设计,代村在当时已经具备了农业和旅游相结合的基本要素。

到了2005年夏天,代村的土地全部实现了集约经营。

"我们的生活变了。"

"我们生活在花园里了。"

代村的百姓美滋滋地谈论着这些年的变化,每一个人的脸上都是笑容。

09
热闹的大市场

农民上楼了,代村商贸城也破土动工了。

"啥叫商贸城?"村里辈分高的老人,问王传喜。

王传喜感到,把事情跟老人们说清楚,比跟年轻人解释还要重要。他说:"叔,商贸城,就是一个大市场,热闹的大市场。里面啊,全是卖东西的。"

"大市场?咱代村建大市场?"老人们没明白。"就咱们代村这点儿人,谁来大市场里买东西啊?建了,能行?"

王传喜拉老人们坐下,慢慢给他们讲。"咱们代村这个商贸城,是个综合性的商贸城,卖什么东西的都有。您想买什么,到里面都能买到。而且,咱们代村现在基本上是兰陵县城的一部分了,不愁没有人来。"

老人们懂了，冲王传喜笑。

王传喜走了，径直来到商贸城建筑工地。他知道，这是代村第一个大工程，要建设好。他找到工程监理，一起到工地看。

项目经理跟王传喜汇报了工程进展情况。王传喜提出了要求，第一条就是保证工程质量。

天渐渐黑了，施工停了下来。王传喜带着一身的疲惫，回家。

村街上，遇到几个村民。他们在打听，建设商贸城，能够给村民带来什么好处。王传喜没有解释，他累了，决定第二天开个会，让村民代表参加，跟大家讲清楚。

第二天，王传喜依然是早早来到村委会，记笔记。他写下了几条要讲的内容，然后拿着笔记本，来到了商贸城建筑工地。

太阳升起来了，将工地照得一片明亮。工地上已经开始了一天的施工，搅拌机轰鸣着，运灰车来回穿梭，工人们戴着黄色安全帽，在各个角落里忙碌着，高高的起重机转来转去，将建筑材料运送到需要的地方。整个工地，是一派忙碌的景象。

村民代表来了，大家站在工地的一侧看着。

王传喜说:"我们今天在工地这里开会,来个现场办公。"

接着,王传喜给大家详细地讲解了商贸城建成后给村民带来的好处。由于代村实行了土地流转,全村的土地进行集约经营,这样,建设商贸城,村民可以入股,不仅土地有收入,还能够得到股金的分红。就是说,商贸城建起来了,经营商户进驻了,整个商贸城就是一个热闹的大市场,村民呢,只管享受分红。

村民们祖祖辈辈以种地为生,从来没有想过经营。现在,经营活动就在眼前,土里刨食的农民也成了股东,靠着商业活动增加收入。就是说,代村人的生活方式发生了根本的变化。

望着热闹的建筑工地,村民们仿佛看到了未来代村的样子。大家都夸王传喜有眼光,看得远。

"我们基层干部首先想到的,就应该是多为老百姓谋福祉,这是我们村干部的职责呀!"王传喜动情地说。

每一个清晨都是新鲜的,每一个黄昏都是沉甸甸的。日子一天天过去,商贸城像一个孩子,像一棵树,在一天天长高。

终于,代村第一座商贸城建成了。

村民们都涌到高大漂亮的商贸城前看新鲜。大家高声议论着,谈论着自己的收入。农民们直爽,说话不转弯抹角。更多的是在夸赞他们的王书记。

商贸城开业了,进驻的经营商户有2000多家。代村一下子涌进了众多的商户,涌进了众多的兰陵县城人。商业的发展,让代村一下子活跃了起来。

王传喜兴奋地告诉大家,代村商贸城,是全兰陵县最大的商贸城。粗略估算,仅这座商贸城,带动就业就能超过6000人,年交易额将达到10亿元以上,代村的年收入可达4000万元。

"4000万元!"代村人蒙了。这座千年古村落,一代一代的代村人,从来没有听说过他们仅靠一座商贸城,一年就能挣下这么多的钱。

"4000万元,"王传喜说,"这仅仅是代村美好生活的开始!"

王传喜的话掷地有声,仿佛在兑现他当选村党支部书记时立下的誓言:咱是一名共产党员,既然老少爷们儿信得过咱,就是再苦再难,咱也得千方百计让乡亲们过上跟城里人一样的好日子。

10
田园与公园的距离

田园,一个与美好、亲切相关联的词。乡村风景、田园风光,曾经是多少从乡村走出来的人最美好的记忆。

王传喜也深知这个道理。但是他并没有离开乡村,那些文人墨客笔下的美好回忆与情感依恋,对于王传喜来说,并不是他羡慕和渴望得到的。正所谓熟悉的地方没有风景,王传喜要让代村人从单一的田园中走出来,走上更高层次的美好,让田园风光与城里人熟悉的公园离得近些,再近些。

"爸爸,你在琢磨啥呢?"儿子王加萌见王传喜翻阅着一本本画报和资料,还在纸上勾勾抹抹,便好奇地问。

王传喜很正式地回答儿子:"我在计算,田园与公园的距离有多远。"

"啊?"王加萌大吃一惊,叫道,"爸爸,你要在咱们代村修建公园吗?"

王传喜乐呵呵地说:"对呀,爸爸要修一个大大的公园,把你能见到的庄稼、蔬菜都装进去。怎么样,爸爸的大公园不错吧?"

王加萌没听懂,歪着脖子看王传喜勾画的图。可看了,也看不懂。他直摇头。

王传喜说:"等爸爸的大公园建起来了,你就懂了。"

刘会芳喊他们父子俩吃饭。"你是不是想逛公园了?咋还琢磨要建公园了?代村,还能建公园吗?"

"当然能。"王传喜一边吃饭,一边用筷子点着桌面,说,"你想,要是把我们熟悉的田园和城里人熟悉的公园结合起来,会是啥效果?我敢保证,到那时候,城里人都得涌到咱代村来,你想不挣钱都难!"

王传喜的话,让刘会芳思考起来。"在公园里种菜、种庄稼,让城里人来看,来玩儿,来采摘。嘿嘿,这主意不错。"

王传喜冲着儿子王加萌笑:"你看看,你妈妈都知道动脑筋思考问题了。"

王传喜的主意并非不切实际，代村的土地流转，让他看到了集约化经营的好处，也尝到了甜头，一个更大的计划在他的心里酝酿着。他敏锐地意识到，自己的这个想法很现实，要是做了，一定能成。

于是，晚上8点，在村"两委"班子成员的碰头会上，王传喜在汇总完当天的工作之后，拿出那张勾勾画画的纸，提出了一个新的想法。

"从周边5个村庄再流转7000多亩土地？"干部们愣住了。

王传喜的敏锐和大胆创新，村干部们是心里有数的，也是放心的。但是，全村的土地流转完之后，把目光向外延伸，流转其他村子的土地，他们却从没想过。

于是，大家都看着王传喜，听他的想法。

王传喜说："我们用了几年时间，把代村所有的土地进行了流转，建起了种植区、养殖区、加工区和商贸区，应该说，我们这步棋是走对了。老百姓尝到了甜头。但是，现在的形势是，随着改革开放的不断深入，人们的生活发生了巨大变化，消费理念也随之发生了变化，更多的城里人开始向往乡村生活了，农业和旅游相结合的现代农业游和乡村休闲游会越来越热。这是我们的商机，不能不抓住。"

王传喜的话还没有说完，大家就议论起来。王传喜并不打断大家，听他们议论。大家议论的结果，是赞同王传喜的判断。

当村干部的目光再次聚集到王传喜身上时，他在桌面上敲打了几下："我们能不能把周边5个村的7000多亩土地流转过来，趁势建起一个高档的农业示范园？"

窗外，夜色中传来附近广场上村民们扭秧歌的音乐声，它轻盈地飘着，飘进窗子，飘进每一个人的耳朵里。

"这个高档的农业示范园，就像这音乐声，能入耳、入脑、入心。"王传喜说，"建起农业示范园之后，不仅能进一步带动乡村旅游的发展，还可以实现蔬菜生产的转型升级。"

很多美好愿景，都是他们在这个会议室里谋划出来的，很多重要的决定，也是他们在这个会议室里确定下来的。今天，大家都在凝眉思考，做出最终决定。

窗外，优美的音乐声仍然在飘。窗内，沉默是思考最好的载体。

最后，村干部统一了思想，做出了一个重要的决定。

不久，周边5个村的7000亩土地顺利实现流转。

王传喜跑到北京，请中国农业科学院的专家到代村来，进行实地考察，为代村规划设计了一个高标准的万亩农业示范园。

专家的设计给代村的现代农业发展插上了一双起飞的翅膀。

11
双轮驱动跑得快

尝到了甜头的王传喜对选定现代农业这条发展之路更加充满信心,他的嗅觉也更加敏锐。

2012年,"乡村旅游"还是个新词,在全国刚刚开始流行,王传喜敏锐地意识到,这是一个有着无限发展空间的巨大商机,一定要抓住。

这一天,村"两委"班子成员的晨会地点改到了农业示范园里。王传喜带领村干部在示范园里转悠,谈着自己的想法。

王传喜说:"最近,我看到山东省旅游部门提出了一个新概念,叫作'国家农业公园',我的心里啊,'轰隆'一声,很受震动……"

不等王传喜说完,一名班子成员说:"王书记,你是要搞国家农业公园?"

王传喜说:"今天我把大家召集到农业示范园里来开晨会,就是这个意思。"他指着眼前的蔬菜园说,"咱是农民,咱生活在农村,离不开农业这两个字,考虑问题的点,要往农业上打。我琢磨着,省旅游部门的这个新概念很有创新性,将来一定会有大发展。这是一个不可多得的发展良机啊。咱们这个万亩农业示范园还没有完全建成,要是我们能够申请到国家农业公园的项目,和农业示范园同时建设、同时推进,那将极大地促进咱们代村的发展。"

王传喜又说:"我之所以敢想这个问题,是因为咱们的'五园一带'工程和万亩农业示范园已经具备了一定的规模,也就是已经有了很好的基础。我觉得这一点很重要,或者说非常非常重要。在发展现代农业上,咱们代村已经走到了其他地区的前面。就是说,咱们提出发展国家农业公园,绝不是天方夜谭。我估计,只要我们提出申请,省里会考虑的。"

村干部们受到王传喜的启发,纷纷打开思路,议论起这个话题。大家既肯定了王传喜的想法,又提出了一些需要注意的问题。

王传喜拿出笔记本,记录着大家的观点。

清晨的风，凉凉的，但是村干部们的心里热热的。他们清晰地意识到，王传喜对未来代村的规划是一个大手笔，搞好了，会让代村变成另一个样子。

最后，大家达成了共识：继续发展好农业示范园，申请建立国家农业公园，实行"双园"一体化建设。

"双轮驱动"，代村才跑得更快！

决议形成了，王传喜便组织人手编写申请材料。

晚上，王传喜坐在台灯下一页一页地审阅那些材料，不时用笔修改着。

儿子王加萌凑过来："爸爸，咱村真的要搞国家农业公园？"

王传喜说："真的。"

王加萌说："那，搞起来了，我来当园长呗。我年轻，有思想，有朝气，有闯劲儿，一定能干好。"

王传喜打量着王加萌，不屑地"切"了一声，说："想当园长？你还嫩了点儿。"

"瞧不起人吗？"王加萌不服气。

王传喜说："你是我的儿子，就是能行，也不能让你当。"

"凭啥呀？古人还举贤不避亲呢。"王加萌说。

王传喜放下笔,看着王加萌:"儿子,我们搞国家农业公园,目的是为全村百姓造福。这个公园是代村的,不是哪个人的。就是真的要选一个园长,你爸爸我也说了不算。"

王加萌"扑哧"一声笑了:"爸爸,我跟你开玩笑呢。我哪是想当园长啊?我有我的事情做,给我这个园长,我也不当。"

王传喜嗔怪地指着儿子:"你个臭小子。"

王加萌不笑了:"爸爸,我觉得吧,这个国家农业公园要是真批下来,真的建成了,让谁当园长呢?我还真是有个合适的人选。"他神秘地抿着嘴巴,看着王传喜。

"谁呀?"王传喜问。他觉得儿子这回是认真的。

王加萌说:"我认为,园长的最合适人选,是代村的全体村民。"

王传喜盯着儿子,看了好久。

王加萌问:"爸爸,你这么盯着我干吗?"

王传喜激动地说:"儿子,你长大了。"他拿起笔,在纸上写下一行字,"儿子,你说得对,国家农业公园的主人,是代村村民,园长,就是代村全体村民。"

儿子王加萌的话提醒了王传喜，代村村民是这块土地上的主人，国家农业公园的管理，应该由他们来完成。农民离不开土地，土地上的事情，农民最有发言权。

几天后，王传喜就去了省城济南找相关部门去汇报，介绍代村的发展情况，争取国家农业公园能够落户兰陵，落户代村。

很快，一些省内知名专家来到代村考察、评估。

代村现有的现代农业发展项目和发展理念，让专家们认识到，代村已经具备了良好的发展基础，许多前期工作已经做得有模有样，而且已经积累了一定的管理经验，发展的空间也很大，国家农业公园这个项目放在代村，是最合适的。

代村发展国家农业公园的项目得到批复！

代村发展史上，一个响亮的名字出现了：兰陵国家农业公园。

兰陵国家农业公园作为全国第一个国家农业公园试点，正式拉开了快速发展的大幕。

消息传来，代村人都非常兴奋。王传喜的妻子刘会芳还特意炒了两个王传喜最爱吃的菜。儿子王加萌说："我陪爸爸喝一杯！"

可是，王传喜回到家里，连口水都没喝就倒下睡着了。连日的奔波劳累，使得王传喜这个身体结实的山东大汉，疲惫到了极点。

刘会芳和王加萌看着熟睡的王传喜，很是心疼。

代村，这个千年古村，搭上了"国家农业公园"这趟快车，开始了新的征程。

投资10亿元，实施"双园共建"，代村的农业发展迎来了一个新时代。

兰陵国家农业公园在做好农业科技示范、种苗培育组培、产业孵化等农业产业化的同时，还融入休闲农业、乡村旅游等文化元素，形成了农、文、旅相结合的发展模式。如今，走进兰陵国家农业公园，数万平方米的科技成果就会展现在眼前：智能温室、华夏菜园、热带雨林馆、竹林水岸、兰花馆……印象兰陵、新农人培训中心等一批新项目也在筹建。

兰陵国家农业公园已经连续承办了7届中国兰陵国际蔬菜产业博览会，每年接待游客达100多万人次。同时，这里还成为省委党校的教育示范基地、市级党员教育示范基地，每年举办各类新型农民培训班200多期，累计培训10余万人次，培训党员近万人次。

王传喜兑现了让全体代村人当"园长"的承诺，

国家农业公园的建成，带动了村民就业，园区仅管理岗位服务人员就安置村民 300 多人，围绕现代农业、旅游业服务的经营户有 170 多家。

村民王保均会柳编的手艺，是当地有名的柳编技艺传承人。兰陵国家农业公园的建成，让他有了用武之地。在沂蒙山农耕博物馆里，他每天都给好奇的游客讲解柳编的技巧。他亲手编织出的柳编鱼篓很受游客的喜爱，最多的时候，一天能卖 2000 多块钱。

12
王加萌讲的故事

那天,我的同学从省城给我打来电话,要来代村看看。我同学说,听说代村好得让人羡慕,想来见识见识。

接待同学这事,我很重视,事先做了安排。我开着车,把他接到代村,领他去参观兰陵国家农业公园。

车子一驶进代村,同学就感到眼睛不够用了,绿树掩映之下,一排排漂亮的别墅和小康楼错落有致,呈现出迷人的气息。同学惊呼,这里好像人间天堂呀。

村子里,文化中心、健身广场、幼儿园、学校整齐地分布着,很规整,也很有规模。我特意把车速降低，让同学看得清楚一些。我告诉他，爸爸带领村"两委"班子统一思想，大胆实行旧村改造，用了10年时间，拆掉了代村所有的老旧房屋，建起崭新的居民楼60多座，还有170户小康楼，两座老年公寓，实现了村民全部上楼居住。全村有劳动能力的村民实现了人人有工资性收入，每年家家都有村集体分红，全村年人均纯收入达到了6万多元。

同学用异样的眼光看着我。我问他："你干吗这样看我？"

他说："代村，实现小康了呀！"

我很牛气地说："当然哦。在我们代村，还流传着一个顺口溜呢。"

"快说说。"

我说："有的你已经见到了。顺口溜是这样说的：绿树掩映小洋楼，空气清新人长寿，使用沼气新能源，文明卫生又方便，条条大路通家园，乡村胜似城里面。"

"对对，是这么回事儿。"同学笑着，连连点头。

我带着同学来到了兰陵国家农业公园，停好车，我们往里面走。同学打量着这颇具气势的公园，不停地拍照留念。他说我生活在这里，有福气。

走进公园,同学放慢了脚步,一点一点地看。在华夏蔬菜园,展现在眼前的全是各种特色蔬菜水果。这个园中园里展示着很多全新的栽培技术,无土栽培、海绵栽培、管道培植、轮式栽培、浮板式栽培等先进的种植技术,让他大开眼界。"我从来没有听说过!"他指着那些新鲜东西,发出赞叹。按说,同学也是在农村长大的,对农业技术不该陌生,可是公园里展出的,都是以前没有的新技术,他发出赞叹也不奇怪。

我带着同学坐上露天轨道小火车,参观千亩油菜花田。可惜,他来得不是时候,油菜花已经落了。但是那平展展的花田,仍然给他留下了深刻印象。

同学问我:"你爸爸是村里的书记,你来兰陵国家农业公园玩,就不用买票了吧?"

我告诉他:"我爸爸要求才严格呢,他要求我不许插手村里的事务,即使是小便宜也不能占。"

"那,我们这次来公园游览,你也得花钱买票喽?"他问。

我说:"是啊。我也没有啥特殊的。"接着,我悄悄告诉他,"我的朋友、同学啥的,以为我能搞到免费门票,经常找我,让我把他们领进公园。每一次我都满足他们。其实呢，我是自己掏腰包买的票。去年一年，光买门票，就花了我1万多块钱。"

我同学不再说话。

我问他："咋沉默了？"

他说："我在想你爸爸。我好像找到了你们代村发展得这么快的一个原因。"

我明白他的意思。很多人都这样说。因此，我敬佩我爸爸，他要我做什么，我都没有反驳他的时候。说实话，我从爸爸身上，看到了一名共产党员的风采。我爸爸能当选党的十九大代表，是他自己干出来的。爸爸信奉"公生明，廉生威"，而且对村干部的"约法三章"执行得很坚决，很彻底。

现在，爸爸他们的村"两委"班子成员，几乎都是品德过硬、能力强的党员，而且，他们几乎全是致富带头人，带领代村人实现共同富裕。这个基层党组织，确实是一个能战斗的组织。

我告诉同学，就这个兰陵国家农业公园，先后被评为国家AAAA级旅游景区、全国休闲农业与乡村旅游五星级园区。这两年，每年来公园游览的游客都将近百万人，这个客流量真的不小了，光门票收入，就达到了3000多万元。

同学问:"那,你们代村的集体收入,一定也不少吧?"

我说:"当然啊。爸爸带领全村人走新型集体化的路子,现在代村各个产业总产值达到了26亿元,集体收入过亿元。"

"哇!"同学再次发出惊叹,"我好想来代村,成为这里的一员呀!"

◯ 数字人伴读
◯ 配套音频
◯ 拓展故事
◯ 读书笔记

13

星光下的回忆

夜晚的代村，广场上一派热闹。村民晚饭后散步、闲谈、扭秧歌、跳健身舞、带小孩子玩耍，这个广场是个好去处。广场边的大石头上，刻着四个红色的大字：广阔天地。

夜渐渐深了，在广场上休闲的村民渐渐散去。广场安静了下来。

这时，王传喜来了，还有他的儿子王加萌。

是王传喜把王加萌带来的。在家里忙碌完一天的事情，王传喜对儿子王加萌说："走，咱爷儿俩出去走走。"

不用多说，王加萌就知道，爸爸这是有事儿了。妈妈刘会芳也看着王传喜，投去充满疑问的目光。

王传喜冲刘会芳笑笑,说:"我们去走走。"

走在街道上,王传喜跟迎面而来的村民打招呼。

来到广场上,王传喜带着王加萌来到一个僻静的角落,在凳子上坐下来。

"爸爸,这里一点儿都不亮堂。"王加萌说着,指了指前面明亮的路灯。

可王传喜却示意王加萌坐在他身边:"这里虽然昏暗一些,但是能看见星星。"

王加萌扬起头,望向夜空。果然,他看到满天的星星,正眨巴着眼睛。

"望星星?"王加萌没明白,爸爸为啥要让他望见星星。

王传喜并不看王加萌,而是将目光投向远处夜空中的繁星:"星星会眨眼,说明它们是有生命的,说明它们是有记忆的。我们坐在星空下,能够回望到以前的事情。"

王加萌似乎明白了,爸爸是要给他回忆以前的代村。他觉得自己猜对了。

"你猜对了。"爸爸肯定地回答。他依然望着那片星光,轻声说,"今天爸爸只给你回忆一件事,关于当年的代村。因为那时候你还太小,根本记不住这件事。"

王加萌坐下,坐在爸爸身边,听爸爸讲那件过去的故事。

王传喜说:"那是1999年,爸爸刚当上代村党支部书记不久,突然村子里停电了。那时正是大夏天,三伏天呀。"

"为什么?"王加萌问。

王传喜拍了拍王加萌的肩:"因为咱们代村欠电业部门的电费太多了,人家已经为我们垫付不起了。停电,就意味着水也抽不上来,凡是用电的地方,全都停摆了。三伏时节,没水没电,老百姓的日子咋过?当时,爸爸肩上的担子,很重很重啊。"

"那,您是怎么办的?"王加萌问。

"爸爸能怎么办?想办法呗。"王传喜说,"那时候爸爸经常作为被告出庭受审,因为村里的欠账有380多万元,这个数目太大了。当时村里要还债,却没有钱,爸爸的压力很大。为了尽早解决还款问题,给老百姓早点儿送上电,爸爸除了清理村里的欠款,还采取拆东墙补西墙的办法,选择最要紧的事情办。最后,被逼无奈,爸爸瞒着你妈妈,偷偷以个人名义贷了10万块钱。

"那段时间,爸爸每天要出去办事,晚上也不能闲着。有一天晚上,我去走访回来,黑灯瞎火的,爸爸走在村街上,仰着头,望着满天的星斗。那天晚上和今天一样,满天都是星星,眨巴着眼睛。爸爸走得深一脚浅一脚的,一下子就摔倒了。坐在地上,爸爸好一阵儿也没有起来,想事情。爸爸就想,这一跤摔得好,让我明白了一个道理,人啊,做的每一件事情,都有人在看着呢,即使没有人知道你做了什么,天上还有星星在看着呢。星星的眼睛可是亮的。在地上坐着的时候,我就想,我们这届党支部班子,一定要把全部的精力,都用在为代村的老百姓谋幸福上,差一点儿也不行。即使面对困难,即使面对压力,也不能退缩。摔倒了不要紧,爬起来,继续干工作。人就是这样奇怪的动物,需要摔打,越经过摔打,就会越坚强。"

"爸爸,我明白您的意思了。也知道您为啥领着我来看星星了。"王加萌说。

王传喜笑了,搂着王加萌的肩,使劲儿拍了拍。"那你说说,爸爸的意图是什么?"

王加萌说:"您是提醒我,要成长,就要经过摔打。虽然现在我们富裕了,但是不要忘了我们代村当年的苦，我们的好日子不是天上掉下来的，是靠自己干出来的。"

王传喜在王加萌的肩上捶了一下："好小子，够聪明，懂爸爸的心思！"接着，他又语重心长地说，"习近平总书记说，'幸福都是奋斗出来的''只有奋斗的人生才称得上幸福的人生'。这两句话你要记住啊，好好去做事，去奋斗。另外，做事情啊，要有敬畏之心，因为白天天上有太阳，晚上天上有星星，那么多的眼睛看着我们呢。"

"我懂的，爸爸。"王加萌说。他还告诉爸爸，他从来没有因为爸爸是代村书记而谋取私利，就连同学、朋友来旅游，买兰陵国家农业公园的门票，都是他自己掏腰包。

王传喜把儿子紧紧搂在怀里："好儿子！"

广场上已经没有其他人了，夜晚的风吹拂着，清清爽爽的，很舒服。王传喜不再说话，安静地坐着，享受着这个清凉的夜晚。

王加萌知道，爸爸今天领他来看星星，其实是在给他上课。爸爸是提醒自己走好脚下的路，走出一条自己奋斗的正路来。

"走吧，我们回家吧。晚了，你妈妈该着急了。"

王传喜站起来,拍打拍打裤子。

王加萌走在爸爸身边。

前面,宽敞的大街上,一片灯火明亮。

14
一个都不能少

代村富裕了,村民的生活好了,他们真的如王传喜所期望的那样,过上了和城里人一样的生活。

然而,每一家的情况都各自不同,有些失去劳动能力的贫困家庭,就跟不上大家共同富裕的节奏。

傍晚时分,当人们都在张罗着做晚饭的时候,村民刘东启带着妻子从外地回到了代村。他的情绪很低落。

回到家,刘东启没有心思做饭,而是翻出了一堆折叠整齐的账单。他在盘算,妻子的病,下一步该怎么治。

满脸愁云的刘东启感到,自己的压力越来越大了。

刘东启的妻子得了血液病，在兰陵县初步得到了诊断。但是治疗需要一大笔钱。而平时，他家的经济条件就不是特别好，妻子生病后，陆陆续续的诊治，几乎花光了他家的所有积蓄。现在，病情弄清楚了，医院医生的会诊结果，确认妻子得的是血液病，要到大城市去继续治疗。可是，钱呢？刘东启真的发愁了。

看着大把的账单，想着即将开始的治疗，刘东启想到了王传喜。他和妻子商量，准备向王传喜反映一下自己家的情况。

妻子说："王书记那么忙，哪有精力管咱家这点儿事儿？"

"可是，你看看咱家的情况……"刘东启为难地抖着手里的账单，"咱家所有的存款，都花没了。"

夫妻俩长叹一声，陷入了沉默。

有人敲门。

刘东启打开房门，看到门外站着的，正是王传喜。

"咋样啊？"王传喜走进来，拉着刘东启的手，问家里的情况。

刘东启的妻子眼睛里盈满了泪水："王书记，确诊了。"

看到刘东启手里拿着的账单,王传喜明白了。他坐下来,详细了解了刘东启家的情况,安慰他们夫妻二人不要灰心,一定会有办法的。说完,王传喜就走了。

晚上的村"两委"班子总结会,应王传喜的提议,村干部们研究了刘东启家的情况,并推而广之,提出了启动代村大病大灾帮扶保障措施,从制度上保证类似刘东启家这样特殊情况的贫困户都能够得到基本保障。

"在小康路上,我们要让代村的百姓一个都不能少,一个都不能掉队。"王传喜说。

于是,制定大病大灾帮扶保障措施的事情,提上了议事日程。几天后,就获得了村干部的一致通过。

王传喜出差了,但村委干部来到了刘东启家,将村里研究制定大病大灾帮扶保障措施的事情告诉了刘东启。"治病的事情,你就别愁啦!"

刘东启看着村委干部,流下了感激的泪水。接着,村委会和刘东启一起研究了下一步治病的打算,顺利履行相关手续,很快把给刘东启家垫付的医疗费用送到了他的手上。

"王书记惦记着咱村有困难的家庭呢,你就踏踏实实地陪嫂子去治病吧。"村干部说。

像刘东启家这样的特殊情况不是少数，大病大灾帮扶保障措施的出台，有效地解决了这些困难家庭的后顾之忧。

出差回来的王传喜又去刘东启家探望，他说："通过你家的事情，让我们村的各项保障措施更加完善了。我们的目标是，在走上小康路的过程中，一个都不能少。今天得到帮扶和援助的是你家，其他人家是不是还有类似的情况呢？我们还要抓紧调研，尽快出台新的保障措施，用实际行动兑现我们的承诺。"

刘东启感动不已，拉着王传喜的手："感谢党，感谢村干部。"

代村陆陆续续出台了16项社会保障政策，几年来，通过贷款扶贫、企业扶贫、项目扶贫、合作扶贫等多种方式，针对不同情况精准施策，帮扶了几十个贫困村的几百个贫困户。对于那些遭遇大病大灾的家庭、失职失能的家庭，村里给兜底，确保百姓都能够感受到代村这个大家庭的温暖，没有后顾之忧地走上小康之路。

现在，已经率先实现了小康社会的代村，提出并践行了"幼有早育、学有优教、劳有多得、病有良医、老有逸养、住有宜居、弱有帮扶"的承诺。每年向居民统一发放米、面、油等生活用品,统一发放住房补贴,统一支付新型合作医疗资金,统一安排60岁以上的老年人入住老年公寓,统一实行居民子女助学、奖学制度,逐步解决了代村群众就业、教育、就医、养老、住房等问题。老年公寓里,基本格局和配置不是常见的老年房,而是一室一厅一卫一厨一阳台的完整的家庭设置,里面有村里免费配置的沙发、电视、冰箱、天然气、暖气等基础设施,老人们住在这里,和在家里是一样的。

村民们都说,现在生活富裕了,想吃什么就吃什么,想买什么就买什么,村里有休闲娱乐的地方,有学习的地方,生活质量和幸福指数都提高啦!

而这一切,都是代村人在王传喜的带领下,发展壮大集体经济的结果。

王传喜说:"习近平总书记教导我们,让老百姓过上好日子是我们一切工作的出发点和落脚点。我们要牢牢把握这一工作方向,认真学习好、贯彻好。在幸福生活的道路上,代村的百姓,一个都不能掉队!"

15
别开生面的党课

吃完早饭，李学全就开始收拾自己，把胡子刮干净，还穿上了新衣服。老伴儿不解地问："你这是要干啥？"

李学全一边将扣子系得整整齐齐，一边告诉老伴儿："今天，王书记给我们全体党员讲党课，我得穿正式一点儿。"

老伴儿不屑地说："你都啥岁数了，啥也干不了了，还整得光溜水滑干啥？好像你是书记似的。"

李学全很认真地告诉老伴儿："你不懂，党的活动最重要，而且今天是王书记给大家讲党课，这是严肃的事情，不正式一点儿哪行？"接着，他若有所思地说，"想当年，我当村支部书记的时候，哪有现在这样好的局面啊？转眼间，我都是奔八十的人了，老了老了，却赶上了好年景。想想，知足啊。别看我岁数大了，具体事情干不了啥了，但是作为一个老党员，我还能发挥余热呢！"

说完，李学全走出了家门。

王传喜给党员讲党课的事情，是昨天支委通知的，李学全很高兴。虽然现在新媒体发展很快，获得各种信息的渠道很多，但是坐下来听王传喜讲党课，效果还是不一样的。李学全对这件事很重视。

走出家门，李学全稳稳地走着，嘴里哼着小曲儿。

作为代村老一代的支部书记，李学全经历了代村发展的起起伏伏，也亲眼看到了代村是怎样在新一届支部书记王传喜的带领下，一步步走出低谷，走上一条宽阔的小康之路的。他为代村的发展而高兴，也对代村的明天充满了新期待。党的十九大之后，党的建设得到了进一步加强，党员的先锋模范作用得到了进一步发挥，以王传喜为"班长"的代村党支部认真学习贯彻党中央决策部署，紧紧围绕代村的实际，咬住带领全村人走共同富裕道路这个目标，一步一个脚印地向前走，终于走出了一片新天地。作为老支书，李学全高兴。所以，能听王传喜讲党课，他很兴奋。

李学全向村服务中心对面的广场上走去。昨天支委通知的时候，特意强调上党课的地点在村服务中心。

李学全没想到，自己本来出来得已经很早了，可来到广场上一看，很多党员已经到了。他走过去，跟大家一一打招呼。

这个广场，是代村人开展休闲娱乐活动的场所，是大家爱来的地方。在这里，可以交流村里的各种信息。很多人闲下来的时候，都喜欢到这里来走一走。而且，一路之隔，就是村服务中心的办公楼。

太阳升高了，明媚的阳光照在广场上，也照在每一个党员的脸上，照出一张张灿烂的笑脸。

李学全和大家交谈了一阵儿，就和党员一起，走进服务中心，在会议室里坐下来。

王传喜来了。他笑眯眯地走进来，手里拿着厚厚的笔记本。那是代村人都熟悉的笔记本，里面记载的，都是王传喜书记做的工作，想的事情，每一页都凝结着他的心血，每一个字都是他扎实前行留下的脚印。

党课开始了，王传喜开口就说："为什么我们把讲党课的地点选在这里呢？因为窗外，就是我们都喜欢的广场,因为广场上,有一块我们都熟悉的石头,上面刻有我们都熟悉的四个大字:广阔天地。我们代村党支部的目标,就是要带领全村的党员和广大群众,靠我们的勤劳,靠我们的智慧,靠党组织的凝聚力和战斗力,走出一条共同富裕的道路,走出一片广阔的新天地。"

接着,王传喜打开笔记本,按照他事先准备的讲稿,开始讲党课。他讲了党在新时代的任务,讲了奋斗目标,讲了实现中华民族伟大复兴的中国梦,还讲了代村的创新发展与中国梦的关系。他讲得很细,语言很通俗,党员们一听就明白。

阳光从窗户外面照进来,亮亮的。听了王传喜的课,党员们的心里,也照进了灿烂的阳光,亮堂起来了。

王传喜讲课的时间并不长,但是接下来,他开始和党员们互动起来,使得这次党课变得不一般。

"各位党员,大家都唠一唠,在我们代村走出一片新天地的过程中,在实现中国梦的伟大实践中,我们党员能做些什么?"王传喜笑眯眯地看着大家。他的手里拿着笔,随时准备记录。

不用王传喜点名,党员们一个接一个主动打开了

话匣子。有的谈了自己的规划和打算,有的给村里提出了意见和建议,有的就某一项工程谈了想法。不管谈的是什么,大家的心思都是一样的,为了让代村的明天更美好。

王传喜不时在笔记本上记录着。

一些年岁比较大的老党员还没有发言,王传喜的目光落在了李学全的脸上:"老书记,您聊聊吧。"

"好,我说说。"李学全说,"我先跟大伙儿算一笔账,就以我个人为例。我已经快80岁了,不能像年轻人那样去干工作了。但是,我不出力,拿到的报酬却不低。我每个月拿到300元的老年优待金,国家每月给我100元补助,村里每月发放的粮食款、商场分红400元,加上当年投资商城的分红,还有每年1万元的退休金,我这个啥也不干的老家伙收入真是不低,日子过得比城里人还滋润。凭啥呢?就凭我们代村的党支部有了传喜这个好'班长'!就凭我们代村的党支部能够带领全村人走集体经济的发展之路,带领代村实现了共同富裕。"

李学全有些激动,站起来继续说道:"我们这些老党员虽然年龄大了,不能干具体工作了,但是,我们不会闲着,村里有什么事儿,需要党员起模范带头作用的地方,我们这些老家伙,还是能够冲在前头的!我们不能只图老有所养、老有所乐,还要老有所为呀。现在中央的政策好,我们代村的发展也越来越快,很多以前听都没听说过的新鲜事物也出现了。我们要跟上形势,力所能及地干点儿事儿,像一个老党员的样子。我们可不想掉队呀!"

李学全的话,引起了在场老党员的共鸣。大家纷纷表示,要起模范带头作用,要老有所为。

这次党课,真是别开生面,既学习了党的知识,使全体党员受到了一次教育,又和实际相结合,解决了一些实际问题。

走出服务中心,李学全看到广场边石头上"广阔天地"那四个大字,在明亮的阳光下,熠熠闪光。

李学全忽然感到,自己年轻了很多。

回到家,人还没进门,李学全就嚷嚷起来:"老伴儿啊,炒俩菜,我今天要喝两盅!"

老伴儿见李学全很兴奋,问:"咋啦?有好事儿啦?"

李学全冲老伴儿挤挤眼睛:"今天的党课上得别开生面,有王书记领头,我们每一个党员啊,都有好事儿啦!"

◎ 数字人伴读
◎ 配套音频
◎ 拓展故事
◎ 读书笔记

16

几片过期的饼干

饼干，常常出现在王传喜的办公室里。那可不是王传喜爱吃的小食品，而是他应急用的。

中午，刘聪来到王传喜的办公室，见办公桌右边柜子上的饼干袋空了，便将空塑料袋扔进垃圾桶，下楼来到小超市，买一包新的饼干。

小超市老板跟刘聪逗趣："现在的年轻人，可不爱吃这种饼干啊。"

刘聪笑笑，没有回答。他拿着饼干往回走。有人见了，问："小刘，你这个大秘书，咋还吃这种饼干？"

刘聪依然笑笑，没有回答。

回到王传喜办公室，刘聪把饼干放在了那个柜子上。

给王传喜当秘书，刘聪最熟悉王传喜的日常生活和工作状态。王传喜时常因为忙工作顾不上吃饭，甚至忘了吃饭这回事儿。细心的刘聪便买来饼干，放在王传喜的办公桌上，饿了，他就随手拿几片吃。时间久了，刘聪养成了习惯，每当饼干袋子里面空了，他就去买新的。

王传喜匆匆走进来，见崭新的饼干袋放在柜子上，他拍拍刘聪的肩，会心一笑。

一袋饼干的故事，就这样在王传喜的身上悄然发生着。书记王传喜和秘书刘聪之间的配合，也很默契。

另一个关于半袋饼干的故事，与张德华有关。

张德华是退休干部，退休前在兰陵县人大常委会工作。他的文笔好，退下来之后发挥余热，来到代村，帮着办代村的一份报纸《新代村报》。

对于这份反映代村前进足音的报纸，王传喜很重视。这一天下午，王传喜忙完了几项工作，抽空来到张德华的办公室，和他交流办报纸的事情。张德华知道，按照王传喜的工作时间表，过一会儿，他就要去召开每天晚上的碰头会了。

一天两会，这是王传喜的习惯，从他当上代村党支部书记那天起,就一直坚持着。每天早上7点半,王传喜和村"两委"班子成员召开晨会,研究当天的工作。每天晚上8点,大家再次坐下来开碰头会,总结一天的工作情况。一天两次会,村干部碰头,将每一件事情都落到实处。当王传喜回家休息的时候,基本上都是晚上9点以后了。

王传喜和张德华聊了一阵儿,张德华起身去洗手间,回来时却见王传喜正从他桌边的纸盒里拿饼干吃。

"王书记,那饼干不能吃啦。那是半年前我外孙女来玩儿时吃剩下的,早就过期啦!"张德华着急地抢过纸盒。

王传喜咀嚼着嘴巴里的饼干,无声地笑笑:"饿了。从昨天晚上忙到现在,还没吃上一口饭。唉,有点儿头晕……胃疼。"

"你还笑……"张德华的嘴唇抖了起来,眼泪开始在他的眼窝里打转。

王传喜不在乎地将饼干咽下去:"没事儿,咱们接着说报纸的事儿……"

天渐渐黑了,王传喜跟张德华谈完了报纸的事儿,就起身去开碰头会了。

张德华站起来，看着王传喜："王书记，你身体好，但是这样拼下去也是不行的，就是铁打的身子也会受不了的。"

王传喜笑着，在张德华的胳膊上拍了拍，没有说话，转身离开了。

张德华跟出屋门，站着，望着王传喜匆匆离去的背影，心里不停翻涌着，眼泪忍不住再次流了下来。

张德华是个老党员、老干部，他懂王传喜的心。王传喜是在用自己的实际行动，践行着一名共产党员的初心和全心全意为人民服务的宗旨。王传喜时刻不忘党员的身份，时刻提醒自己不辜负群众的重托，时时处处严于律己，为代村的发展和进步忙碌着、奔波着。

张德华知道，王传喜有一堆"宝贝"，都在他办公室的柜子里整整齐齐保存着。那是将近200个工作笔记本。里面记录的，是他担任代村党支部书记以来经手的重要工作的情况。每天早上和晚上的碰头会，他都认真记录。这些笔记本，是王传喜全身心投入工作的最好见证。

在王传喜的带动下，代村"两委"班子成员个个严格要求自己，人人做到了全身心投入到工作中，做到了手不长、嘴不馋、心不贪，一心扑在工作上，一心为老百姓着想。自从王传喜当书记以来，村"两委"班子经历过6次换届选举，除了到年龄正常退休外，没有一个人因为非正常原因落选的。村干部经手的钱物上亿元，却没有一个人因此栽跟头、出问题，更没有哪个群众对村干部说三道四。王传喜用实际行动带出了一个团结的班子、廉洁的班子、有战斗力的班子。这也是代村多年来在经济社会发展上能够取得巨大成就的根本保证。

王传喜高大的身影消失在夜色之中，可张德华却站着，望着，久久没有离开。

17

三个人的眼泪

快中午了,老年公寓里渐渐热闹起来。今天是双休日,很多老人的子女来到这里看望父母。

在代村,60岁以上的老人被统一安排住进老年公寓。老年公寓的设计和一室一厅一厨一卫的家庭配置是一样的。

儿女们来了,老人们很高兴,他们说话的声调高了,话音里充满了喜悦。有时候,老人们还会比一比,看谁家的儿女更贴心,带来的东西更实用。

儿女们呢,当然也高兴。他们都有自己的事业忙,父母住进老年公寓,不用过度牵扯他们的精力。双休日了,来看看父母,一家人一起,欢声笑语,其乐融融。

"爷爷奶奶！"几个小孩子跳着、叫着。

"姥姥姥爷！"另外几个小孩子也跳着、叫着。

老年公寓里，到处都是欢声笑语。

看着一个个热闹的场面，老头儿很羡慕，眼巴巴地看着。

老太太呢？也是眼巴巴地看着。接着，老太太拉了拉老头儿："我们出去走走吧。"

老头儿明白老太太的心思，没说话，跟着老太太，往外走。

老头儿、老太太走出门，将那份欢笑留在身后。他们慢慢地走到文化广场边的绿荫下，坐下来。

平时，老人们总是爱聚集到这里，三五成群地凑到一块儿，下棋、聊天儿，一副悠然自得的样子。今天不行啦，儿女们都来了，老年公寓里热闹了起来，这里反倒清静了。

清静了好，老头儿、老太太喜欢清静。

可是，他们坐着，眼睛却不时地往外面的街面上瞄，似乎是盼着什么。

他们没有说出来，但是老头儿和老太太都知道，他们在盼着谁。

有几个老人和孩子们来了，到文化广场上玩儿。

树下，有了说话声和欢笑声。孙子和爷爷奶奶玩儿在一起，儿女们则和父母说着话。

老头儿、老太太看着他们，目光中，全是羡慕。

"老哥哥、老嫂子，怎么没见传喜来看你们呀？"一位老人坐在马扎上，怀里抱着孙子问。

不等老头儿回答，老太太抢着说："俺儿白天忙着嘞，哪有闲工夫啊。他来看我们，都是晚上，您没看着……"

老头儿听出，老太太的话语里，藏着秘密呢。老太太的秘密就是她说了谎。但是老头儿支持，支持老太太这样说。因为老太太的谎话里，藏着儿子传喜的面子。

又有几个老人和孩子们到树下来了。老头儿看看老太太，老太太看看老头儿，两个人起身，慢慢地在广场上走。他们想走走，不想和这些老伙伴们说起孩子是不是来看望他们的事情。

阳光很足，整个广场白亮亮的，一切都是白亮亮的。老头儿和老太太眯着眼睛，一边走，一边继续往街面上瞧。有人骑着单车无声地驶过，有人带着孩子玩儿，也有年轻人在树下玩儿滑板。总之，老头儿、老太太看到的，都是各自玩耍的人。而他们期盼着出现的身影,却始终也没有出现。

走了一阵儿,老太太说:"没意思。"

老头儿明白老太太的心思:"那,咱就回屋吧。"

"好,回屋吧,回屋看电视。"老太太说着,往公寓方向走。老头儿跟着走在一边。

回到老年公寓的房间里,老头儿打开电视。老头儿爱看新闻频道,老太太呢,爱看电视剧。平时,老两口儿没少因此而发生争执。可是今天,他们竟然推让起来,老头儿很大方地把电视节目调到了电视剧频道。

老太太有点儿意外:"你咋不看新闻了?"

老头儿说:"今天,随着你看电视剧吧。电视剧也挺好的……"说完,老头儿的眼角就湿润了。

老太太问:"你咋哭了?"

老头儿说:"谁哭了?"他抹抹眼角的泪。

两个人不再说话,看电视剧。

晚上,天黑透了,王传喜来了。

儿子一进屋,老头儿就指着老太太说:"你看看,你看看,还真让你给说着了。这不,儿子晚上来了。"

王传喜拉着娘的手,坐下,看着他们。

"爹、娘……"王传喜打量着父母。

娘问:"儿啊,你多长时间没来了?"她的手紧紧地抓着王传喜的手。

王传喜叫:"娘……"他似乎想说什么,没有说出来,泪水却先流了下来。

爹在一边说:"儿啊,不哭。爹娘知道你忙。"嘴上说不哭,他的眼泪又开始在眼角晶莹起来。

王传喜抹去泪水:"爹、娘,我的事情太多了,这么多天了,也没顾上来看看你们。"

娘摸着王传喜的脸:"儿啊,你有点儿憔悴啊。娘看你的脸色不怎么好,你可得当心身体啊。"

王传喜努力地笑笑:"娘,您放心吧,我的身体好着呢。"

三个人亲亲热热地聊天。

天渐渐晚了,王传喜起身离开。"你们好好保养自己,我得空了还来看你们。"他说。

王传喜走了,爹和娘出去送。他们经过别的房间时,都要探头告诉里面的人:"俺儿传喜来看俺们啦。"

回到房间里,老头儿、老太太高兴得睡不着,轻声说话,说着儿子王传喜小时候的事儿。说着说着,他们会发出"咯咯咯"的笑声。半夜了,老两口儿还在兴奋地说话。

天亮了,老头儿闲不住,早早起来。

老太太问:"你干吗起那么早?"

老头儿说:"我一会儿得去市场买东西呢。早上凉快。"

早上确实凉快,老头儿很舒心。他摸了摸衣兜里的钱,推出了电动三轮车,骑上,准备出发。

老太太走出来,叮嘱老头儿:"你骑三轮车可千万注意安全,不能出啥岔子。咱可得好好的,不能给儿子传喜添心事啊。传喜本来就够忙的……"

老头儿挥挥手:"我知道,你就放心吧。"

儿媳刘会芳来了。她去上班,从老年公寓这儿路过,来看看公公婆婆。

老头儿美滋滋地告诉刘会芳:"昨晚上传喜来了,来看我们。"

刘会芳说:"他都一个多星期没回家了。昨天是出差刚回来,先到的您这儿。"

老太太叮嘱刘会芳:"传喜忙,家里就靠你一个人操持,你可得当心身体啊。"

刘会芳笑笑:"妈,您放心吧。"

刘会芳去上班了,老头儿也骑着三轮车走了。老太太脸上满是阳光,笑容在她沧桑的脸上绽放。

18
好名声就是沾光

下雪了。洁白的雪花飘飘洒洒,从天而降,将大地涂抹得一片银白。刘会芳站在窗前望着雪花。她似乎听到了年的脚步声正在传来,越来越近,越来越清晰。

刘会芳笑了笑,回到屋里,继续收拾屋子。她把满满一兜子的旧袜子找出来,把破损的挑出来放在一边,准备缝补缝补接着穿。

屋子里很安静。王传喜去村委会加班了,孩子们也都出去了,只有刘会芳一个人在家。

有人敲门!

刘会芳拿针线的手轻轻地抖了一下。但是她很快稳下来,一声不吭,继续小心地缝补袜子。

刘会芳不能出声,也不敢出声,她必须让敲门的人感觉,家里没人。

这是丈夫王传喜叮嘱她的。

那天,吃晚饭时,王传喜很是认真地对刘会芳说:"快过年了,我估摸着,一些搞工程的人会动歪心思,会找到咱家来送钱送物,拉关系,目的就是让我关照他们,想得到不该得到的东西。你可得给我守好这个后门,任何人来,你都不许给开门。要让他们以为家里没人。明白我的意思吧?"

刘会芳看了看王传喜,说:"当然明白。咱们代村现在每年都有很多工程上马,有的还是几千万的大项目,琢磨你的人,肯定有。你就放心吧,我这里,不会出问题。"她咀嚼着嘴里的饭,忽然"扑哧"一声笑了起来,"我成咱家的守门员啦!"

王传喜有些意外地看着刘会芳:"村里上大项目的事情,你也懂?真不简单。"

刘会芳撇撇嘴:"瞧不起谁呀?我凭啥不懂啊?"

王传喜急忙笑着哄刘会芳:"你懂,你懂的。嘿嘿,我媳妇儿是贤内助,啥都懂,啥事儿都能处理好。"他把菜往刘会芳面前推了推,"要做个好守门员哦!"

"你放心,没问题。练几年,我就能进省足球队当守门员啦!"刘会芳开玩笑道。

王传喜认真地说:"这可不是个小事情,要是收了不该收的钱,那就突破了我做人的底线。"

"本守门员是尽职尽责的。"刘会芳给王传喜盛了一碗汤。

敲门声仍然在响,来人很有耐心。接着,门外的人就轻声喊:"王书记,您好,您在家吗?"

刘会芳听得很清楚,但是她依然没有动,稳稳地坐着,小心地缝补着手里的旧袜子。针无声地穿着,线无声地拉着,缝补袜子这样的事情刘会芳做得轻车熟路,也做得悄无声息。她的嘴角,咧出一丝淡淡的笑。

王传喜的猜测还真是很准,真的有人来家里"串门儿"了。

刘会芳不知道门外是谁,但是她知道那个人来到家里,一定是要做王传喜说的那种突破底线的事情。

"你就慢慢敲吧,我慢慢缝补袜子。"刘会芳脸上带着笑,在心里默默地说。

袜子缝补完了,敲门声也消失了,但是刘会芳没有动,依然坐在沙发上,缝补另一双袜子。

"袜子破了,缝补缝补还能穿,要是一个人的思想破了,要缝补,可就难了。"这句话突然就在刘会芳的心里冒了出来。她很是惊讶地停下手里的针线,静静地想,为啥自己能想出这样有哲理的话来。

想了一阵儿,也没想出个结果。索性不想了,继续缝补。"晚上传喜回来了,问问他。"刘会芳想。

后来,刘会芳想明白了。"做王传喜的媳妇儿,还真的不能太简单呢。"这是她得出的结论。

不久,代村新一年的工程项目公布出来,并即将进行报名筛选,进行招投标。干工程的李峰昌觉得自己符合条件,也报了名。

李峰昌不是别人,正是王传喜的妹夫。

王传喜的妹妹王传丽问丈夫李峰昌:"这件事情,你找过哥哥吗?"

李峰昌意外地看着媳妇王传丽:"我找他干吗?他能照顾我吗?再说,我也从来没想过要他照顾。我干工程,凭的是实力和信誉。"

王传丽说:"你这么想,还算是识趣。我哥哥那人,我最了解,你就是找他说了,也不可能照顾你。"

李峰昌说:"这个我懂。越是领导的家属亲戚,越要自觉,按规矩办。"

第二天,李峰昌来到村委会,看报名的结果。

村委会门前挤满了人,大家都仰着头,往里面望,等着报名的结果。

代村的基建工程每年都要安排一些,而且,代村有实力,也有人气,工程款拨付及时,从不拖欠。所以,兰陵县附近的大小公司都愿意到代村来干工程。每当有工程公布出来,总是吸引不少公司来竞争。

李峰昌正是看中了这一点,才来报名的。

村委会的干部一直在屋里忙碌着,人们等得有些着急。终于,门开了,大家来到会议室,等待公布报名的结果。

每一个来报名的都希望自己能够拿到工程项目,李峰昌也是这样。他静静地坐着,看着前面整理材料的村干部。幸好,他没有看到自己的大舅哥王传喜。

李峰昌不想因为这层关系获得工程。他知道,王传喜也不会允许。

村干部公布了报名的情况。由于想来代村干工程的公司太多,这次公布的工程项目有限,报名的人多出了一组。村干部经过商量,决定通过抓阄儿的方式,减掉一组。

尽管报名的人脸上都现出遗憾的表情,但是事实在这里摆着,也只能如此了。有的人开始摩擦自己的手掌,期望自己有个好运气,不要抓到一个空号。

李峰昌也握紧拳头,暗暗祈祷,希望自己能如愿。

这时,王传喜出现了。他手里拿着报名的表格,从屋里走出来,目光在众人的脸上扫过去,最后落在李峰昌的脸上。

李峰昌的心颤了一下,他似乎预感到了什么。

王传喜走过来,拉了拉李峰昌,把他叫到外面。白雪已经化尽,阳光亮亮的,照在地面上,有些晃眼睛。

李峰昌眯着眼睛,看着大舅哥王传喜。

王传喜也眯着眼睛,轻声对李峰昌说:"兄弟,你看,要抓阄儿了。我想,你放弃吧。我是这样想的,一旦抓到空号的是别人,人家很有可能会想,你是我的妹夫,是我在这件事上照顾你了,你沾我的光了。人言可畏,所以我想,你还是别干了,免得别人说闲话。有时候,闲言碎语也压人啊。"停了停,王传喜又说,"不要想着沾光,有个好名声,就是沾光。"

看着王传喜,李峰昌明白大舅哥的心思,他没有犹豫,说:"行,哥,我听您的。"

王传喜没有再说话,拿出钢笔,在表格上把李峰昌的名字划掉了。他搂着妹夫的肩，使劲儿搂了搂。

两个男人之间的肢体语言，传递着最真挚的情感。

回家的路上，李峰昌遇到了妻子王传丽。他告诉妻子，说他放弃了工程竞投标。

王传丽吓一跳，站住问："你的公司挺有实力的，为啥放弃啊？"

李峰昌说："是哥找我，让我放弃的。"

王传丽明白了，想了想，说："我哥时常跟家人讲，不要想着沾光，有个好名声，就是沾光。"

李峰昌看着妻子王传丽："哥对我也是这么说的。"

"我们回家吧。"王传丽挽着李峰昌的胳膊。

李峰昌说："我的公司有实力，不愁找不到工程。我再到别的地方看看。"

阳光新鲜鲜的，把面前的一切都照得亮亮堂堂。

19
宣讲会上的新要求

王传喜书记当选党的十九大代表啦！

王传喜书记去北京参加党的十九大啦！

王传喜书记参加完党的十九大，从北京回来啦！

代村人都在争相传播着关于王传喜书记的各种消息。因为，在代村，当选党的全国代表大会代表，王传喜是第一个。因为王传喜参加党的十九大，不光是他个人的荣誉，更是全体代村人民的荣誉。

作为新时代基层党员干部的优秀代表，王传喜先后荣获"全国劳动模范""全国优秀共产党员"等称号，而此次光荣地当选党的十九大代表，为他增添了一份沉甸甸的荣誉。

王传喜十分珍视这份荣誉。

那段日子，王传喜是喜悦而忙碌的，他要把党的十九大精神传达到基层，传达给代村人。

那段日子，代村人同样是喜悦而忙碌的。他们要干好手上的工作，还要学习党的十九大精神，互相交流学习的体会，互相研究下一步该怎么干，把党的十九大精神落到实处。

每一个代村人的耳边，都回响着王传喜宣讲党的十九大精神时，说出的那句话：下一步，我们要认真学习贯彻党的十九大精神，学懂、弄通、做实，让十九大精神指引我们前进！

这是王传喜在宣讲会上，对所有代村人提出的新要求。

那天，在代村文化广场上，召开了党的十九大精神宣讲会，由王传喜书记为大家宣讲十九大精神。一千多人参加了宣讲会，偌大的广场，坐满了人。大家都仰着头，望着讲台上的王传喜，心情激动地听他讲述党的十九大的盛况和主要精神，特别是十九大报告中关于农业和农村的内容。

王传喜说："我作为一名农村基层的党代表，有幸现场聆听了十九大报告，非常激动。大会主题非常鲜明，'不忘初心，牢记使命，高举中国特色社会主义伟大旗帜,决胜全面建成小康社会,夺取新时代中国特色社会主义伟大胜利,为实现中华民族伟大复兴的中国梦不懈奋斗'。"王传喜激动之情溢于言表,他的声音很大、很洪亮,通过扩音器传播得很远很远。

接着,王传喜按照上级要求,开始到各地宣讲党的十九大精神,他说:"我要当好十九大精神的宣传员,到市直单位,到乡镇,到农村,到学校,到社区……"

在代村,人们参加了千人宣讲会之后,都在谈论十九大精神,都在研究怎样在十九大精神的指引下,把自己前行的目标变成现实。

代村社区物业管理主任龙建新说:"王书记在千人宣讲会上,讲述了十九大报告中关于'三农'的问题。他讲得非常到位,既精辟透彻,又通俗易懂,真正是讲给我们农民听的,我们感到很是鼓舞人心,让我们能够认真地在农业这方面为村民做好服务。王书记在宣讲会上对我们提出了新要求,我们要认真研究,拿出具体的落实措施来。"

代村"两委"班子成员每一个人都从不同的分管工作出发,研究落实十九大精神和王传喜书记提出的新要求，人人思考，人人记笔记，人人搞调查，梳理落实新要求的具体举措。

整个代村动了起来，从村干部到每一名村民，都动了起来。

王传喜也动了起来，除了宣讲党的十九大精神，他在思考更大的布局，思考代村下一步发展的具体路径。

忙碌了一天，王传喜回到家里。

妻子刘会芳上班去了，家里没有人。王传喜简单吃点儿东西，就坐在沙发上休息。他太累了。

这时，王传喜的妹妹王传丽来了。她知道，哥哥忙，而嫂子又在上班。于是，她有空时就来帮哥哥收拾收拾。

果然，家里凌乱，王传丽卷起袖子开始干活。当她在厨房刷完饭碗，回到客厅的时候，发现哥哥已经歪在沙发上睡着了。

看着哥哥疲惫的脸，听着哥哥发出的轻轻的鼾声，王传丽心头一紧，泪水一点点涌了出来。

哥哥是代村的主心骨，是代村的领路人，劳累与奔波成了他的家常便饭，他肩上的担子重啊。

王传丽拿了一条毛巾被轻轻盖在哥哥身上。她不再干活,让屋子里安静下来,让劳累的哥哥多睡一会儿。

天快黑了,王传喜醒了。他坐起身,使劲儿抹抹脸,问:"几点了?"他看了看客厅里的石英钟,急忙起身,"快到点了,我得去开晚上的碰头会了。"

说完,王传喜就急匆匆地走了。

王传丽心疼哥哥,但是她能做的,也只能是支持哥哥。她知道,在哥哥的主持下,代村"两委"的一天两会——早上的晨会、晚上的碰头会,从来没有间断过,坚持了20年。

王传丽继续麻利地干活,将哥哥家整理干净。

20
夜晚的脚步声

王传喜走在街面上,向村委会走去。

代村的夜晚,灯火通明,商业街上人头攒动,天南地北的美食小吃聚集在这里,吸引了附近十里八村的人来此一饱口福。

现在的代村,再不是20年前那个代村了,再不是到处脏乱差、偷鸡摸狗、打架骂人的穷村、乱村了。

王传喜走着,又想起了荀子。荀子曾在兰陵当过县令。他发展了儒家思想,在人性的问题上,提倡性恶论,主张人性有恶,强调后天环境和教育对人的影响。想想代村的变化,当年的代村和今天的代村两相对比,还真是为荀子的观点提供了佐证。用发展的眼光看问题,符合唯物主义的发展观。

"不积跬步，无以至千里；不积小流，无以成江海。""锲而舍之，朽木不折；锲而不舍，金石可镂。"荀子《劝学》篇中的这些传世名言，在代村的发展史上，得到了很好的印证。代村的发展，就是一步步走出来的，一点点干出来的。这变化，凝结着王传喜的心血，凝结着每一个代村人的辛勤汗水。

假如，荀子生活在今天的兰陵，生活在今天的代村，他也一定会为代村的变化而惊讶的。

这样想着，王传喜的心里掠过一丝激动。同时，他也感到肩上的担子更重了。

文化广场上，代村人在尽情地欢乐，有的在扭秧歌，有的在散步，有的在交谈，有的在带孩子玩耍，好不热闹。

王传喜看着那些欢笑的人群，笑了。因为这一切，正是他想看到的，是他一路前行的动力。他转身走进办公楼。楼上，已经亮起了灯。

"不忘初心，牢记使命。"这八个大字又出现在王传喜的面前。

来到会议室，王传喜看了看村"两委"班子成员一张张充满期待的脸，打开笔记本，开始主持碰头会。

王传喜说:"如何学习、贯彻、落实好党的十九大精神,是我们每一位村干部都要思考的问题。"

每一位班子成员都拿着笔记本,结合自己的工作情况和下一步的工作安排,谈了自己的想法和建议。王传喜一一记录下来。

碰头会的最后,王传喜进行总结。

他说:"习近平总书记曾说,让老百姓过上好日子是我们一切工作的出发点和落脚点。总书记的这句话,我们每一个村干部都应该牢牢地印在心里。我们代村这些年有了长足的发展,正是我们落实总书记这句话带来的成果。我们时刻不能忘记老百姓的冷暖。"

"针对农业和农村工作,总书记还曾讲过,农业强不强、农村美不美、农民富不富,决定着全面小康社会的成色和社会主义现代化的质量。要深刻认识实施乡村振兴战略的重要性和必要性,扎扎实实把乡村振兴战略实施好。"王传喜用笔点着本子,强调说,"总书记的讲话是我们前进的方向和目标,要让父老乡亲富起来,让村里强起来,我们现在很有干头!具体到我们代村,怎么做,我已经提出了一些想法,和大家交流、沟通过,得到了大家的认可,形成了决议,也让代村的发展,有了新的目标。我想,接下来，我们就要把这些想法变成现实，让我们策划好的项目，尽快上去。"

接着，王传喜一一梳理了这批新项目。从中国兰陵知青村、兰陵新农人培训中心，到印象兰陵旅游古镇、"一带一路"国家人文景观，王传喜都提出了具体的要求。

"下一步，我们要规划好'中国兰陵优质农产品交易市场'和占地500亩的'温泉度假村'这两个项目。"王传喜合上笔记本，神情坚定，"实施乡村振兴战略，不是靠说的，而是靠一件事一件事去做。"

"'不忘初心，牢记使命'，这两句话，我们常常说起，但是，我们的'初心'和'使命'是什么？"王传喜站起身，环视着大家，"我个人理解，就是我们党员干部，要为百姓谋幸福，要为中华民族谋复兴。"

碰头会结束了，村干部们纷纷散去。王传喜最后一个走出来，站在广场边，望着。

广场上依然热闹。亮丽的灯火把巨石上"广阔天地"那四个大大的红字照得更加鲜艳。

王传喜回家了，他"嚓嚓"的脚步声在寂静的街面上响起，响成一条线。那声音坚实、有力。路灯

下，他的身影一会儿长，一会儿短。

代村人已经陆续进入梦乡，附近的小汶河也已经开始沉睡，可王传喜的步子迈得仍然很有力。

王传喜走在街面上，打量着整齐的楼房，打量着整洁的街道，打量着璀璨的街灯，打量着茂盛的树木。

最后，王传喜举目仰望夜空。

夜空中，一弯月牙高高地悬挂着，周围是满天的繁星！

王传喜深深地吸了一口气。

今夜星光灿烂。

明天的代村会更加美好！

"我对楷模有话说"主题征文活动

亲爱的同学,阅读完这本"时代楷模"的故事,你是不是有些感动,心里是不是有很多话想向时代楷模说?

你可以将你的所思所想所感写下来,发给我们。你对楷模说的话,可能会亲自送到楷模手中,你会收到楷模的回信;你还可能受邀与楷模见面交流哦!优秀的作品,我们还会专门结集成册出版。

参加"我对楷模有话说"主题征文活动,请阅读以下详情:

一、参与方式:

1. 活动本着"自愿参加"的原则,不收取任何费用。

2. 活动面向全国四年级(含四年级)以上在校小学生,可个人参加,也可以学校、区、市、省为单位统一组织参加。

3. 征文活动的通知、作品提交、获奖名单公布等相关信息动态均在主办方海豚出版社的官网及微信公众号上发布。

4. 所有征文作品一经提交,即视为作者同意主办方对作品有编辑、修改、出版、发行等权利。优秀作品将在相关网站或平台上推送,或选编出版。

二、征文征集时间:

本征文活动长期有效,每年评选一批优质作品。活动截稿时间为每年12月31日,评选结果将于次年3月发布。

三、征文要求：

1. 题目自拟，紧扣主题，思想、态度积极向上。

2. 角度新颖，语句通顺，内容贴近生活，表达真情实感。

3. 体裁不限，记叙文、日记、书信、读后感、诗歌、童话等皆可。

4. 字数要求：四、五、六年级组字数分别不少于 400 字、500 字和 600 字。

5. 内容必须为原创，不得抄袭，一经发现即取消参评资格。

6. 文后请附："省 + 市 + 区县 + 学校 + 年级 + 姓名"及联系方式。

例：江苏省 ** 市 ** 区 ** 学校四年级一班 孙苗苗

      联系方式：电子邮箱、手机号

7. 征文以电子版 word 文档的形式发到邮箱 sdkmzhengwen@dolphinbooks.cn，邮件主题写明"学校 + 年级 + 姓名"。

四、优秀征文评选办法：

1. 征文评比按不同年级分组别进行，主办方组织评选委员会进行评选，分年级组评选出一、二、三等奖及优秀奖。获奖参考比例：一等奖为 1%，二等奖为 3%，三等奖为 5%，优秀奖为 8%。

获奖学生除获得由主办方颁发的荣誉证书外，还将获得以下奖励：一等奖，价值 1000 元的奖品；二等奖，价值 500 元的奖品；三等奖，价值 200 元的奖品。

2. 以学校、区市省为单位统一组织参加主题征文活动的学校和单位，根据具体情况评选优秀组织奖，颁发"学习楷模先进单位"荣誉证书。

（本活动最终解释权归海豚出版社所有）

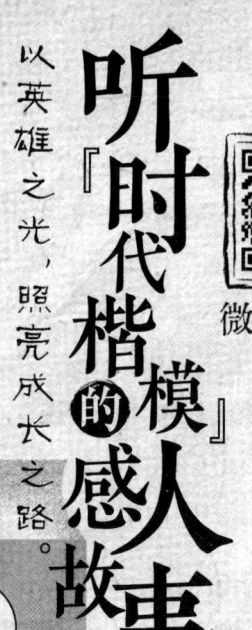

听『时代楷模』的感人故事

以英雄之光,照亮成长之路。

微信扫码

拓展故事
听同系列图书故事音频,用心传承时代精神。

数字人伴读
我是小睿,我能为你提供本书配套资源,还能解答阅读过程中的疑问,快来和我互动吧。

读书笔记
在线记录读书心得,分享你的阅读感悟。

配套音频
在声音里走近"时代楷模",了解他们的先进事迹。

本书二维码自版权页所标注印刷之日起三年内有效